AF283105

JUNTA DE ANDALUCÍA
Patricia del Pozo Fernández
Consejera de Cultura y Deporte

María Esperanza O'Neill Orueta
Viceconsejera de Cultura y Deporte

María del Mar Sánchez Estrella
Secretaria General de Patrimonio Histórico y Documental

Mónica Ortiz Sánchez
Directora General de Patrimonio Histórico

COORDINACIÓN DE LA EDICIÓN
Rocío Ortiz Moyano
Jefa de Servicio de Investigación y Difusión del Patrimonio Histórico

Departamento de Difusión
Rafael Rodríguez Obando
Catalina Jofre Serra
Pedro Jaime Moreno de Soto

Autora
Oliva Rodríguez Gutiérrez

Diseño, maquetación e impresión: Tecnographic S.L.

Imagen de cubierta: vista aérea del teatro romano de Itálica.
Fondo fotográfico Conjunto Arqueológico de Itálica.

ISBN: ISBN 978—84—9959—548—1
Depósito Legal: SE 3133—2025

PASADO Y PRESENTE DE LOS TEATROS ROMANOS EN ANDALUCÍA

CUADERNO DE DIVULGACIÓN CIENTÍFICA

Oliva Rodríguez Gutiérrez

Junta de Andalucía
Consejería de Cultura y Deporte

ÍNDICE

PARTEI

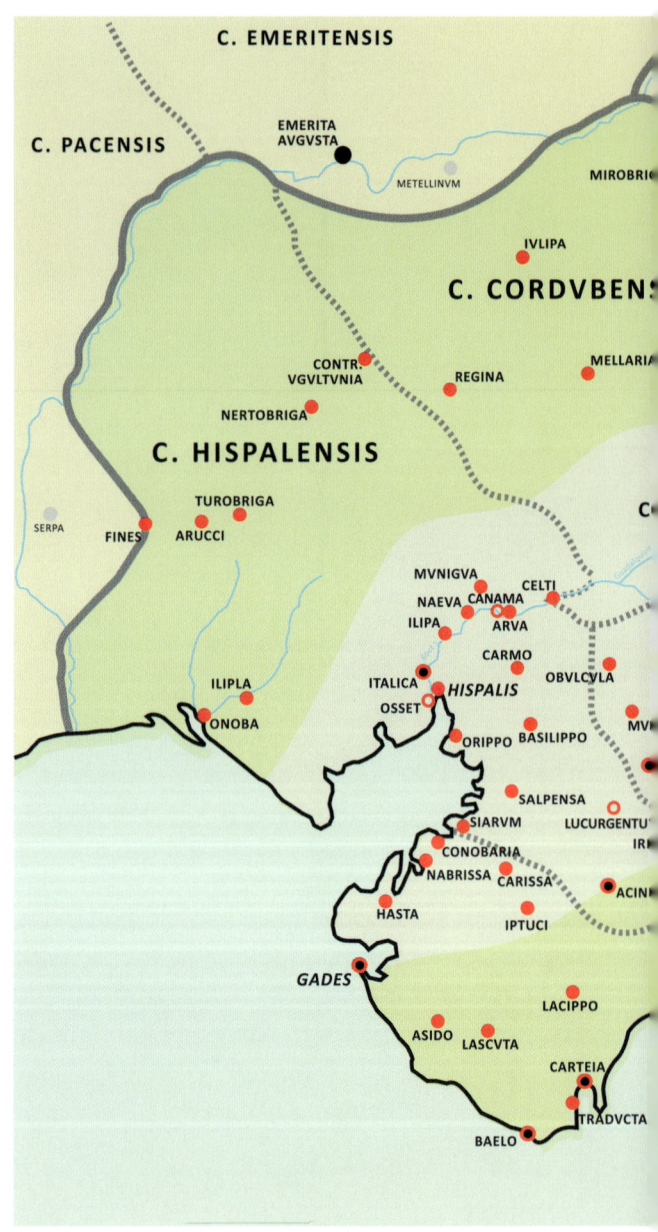

C. CARTHAGINIENSIS

LIBISOSA

SISAPO

ORETVM

LAMINIVM

MENTESA
ORETANORVM

VCIA
EPORA
ISTURGI
CASTVLO
SALARIA

A

ILITVRGI

OBVLCO
VRGAVO
TVGIA

AVRGI
OSSIGI

VCVBI
TVTVGI

VLIA
TVCCI

BASTI

IGABRVM

ILVRCO
ACCI

TIPPO
ILIBERRI

SINGILIA

ANTICARIA
C. ASTIGITANVS

OSQVA

C. GADITANVS

MAENOBA

ARTIMA
ABDERA
MVRGI

MALACA
SEXS

SVEL

● Teatro documentado

○ Existencia posible de teatro
por referencias epigráficas

HISPANIA VLTERIOR BAETICA

1

INTRODUCCIÓN

Los teatros antiguos se encuentran entre los edificios más emblemáticos de nuestro paisaje patrimonial. Las ruinas de algunos de ellos, como los de *Acinipo* y *Singilia Barba*, en la hoy provincia de Málaga, o el de *Carteia* (San Roque, Cádiz), fueron ya objeto de interés por viajeros y eruditos desde el siglo XVIII y quedaron plasmados en evocadores bocetos y grabados (fig. 1).

Figura 1. *Grabado anónimo del teatro de Carteia.*

Presentan una monumentalidad considerable, con la potencia arquitectónica del graderío y los restos de elementos arquitectónicos de gran porte y decoración singular. Buena parte de ellos han ido surgiendo del subsuelo, sin previo aviso, a medida que avanzaban los proyectos de renovación urbana en muchas ciudades; el último conocido, en Guadix (fig. 2). En el mejor de los casos, se ha apostado por su recuperación, a pesar de la no siempre fácil conciliación con el espacio construido circundante, sus usos, circuitos y cotas.

Figura 2. Teatro de Guadix en proceso de excavación.

Estas favorables características físicas, unidas al tradicional convencimiento de su empleo también en época antigua para el esparcimiento y el ocio, han propiciado que, no solo en Andalucía, sino en toda la cuenca mediterránea, muchos teatros grecolatinos sirvan hoy de escenario a espectáculos escénicos y obras teatrales de diferente naturaleza (fig. 3). Son, por tanto, espacios muy atractivos que hablan de lo que fuimos y de lo que somos, sin que, necesariamente, debamos forzar una continuidad entre todo ello.

Figura 3. Ejemplo de espectáculo en uno de los teatros andaluces. En este caso, Baelo Claudia.

Los estudios sobre los teatros también han ido evolucionando con nosotros. Hace solo unos años el interés se centraba en la materialidad conservada, analizada desde un punto de vista casi exclusivamente arquitectónico y, en paralelo, en la naturaleza de los espectáculos transmitida por las fuentes escritas antiguas, estableciendo una identidad entre ambos mundos. Más recientemente, la investigación insiste en su papel político e ideológico, en su función ceremonial en el contexto urbano o, incluso, en sus destinatarios, preguntándose por las inquietudes y capacidad de acción de los antiguos espectadores.

En este cuaderno divulgativo y siempre teniendo presente esta vocación, se aborda el conocimiento actual de los teatros conservados en suelo andaluz, sin la intención de ser una guía para la visita, pero pudiendo ser de utilidad para ello. Tratan de ser contextualizados en un fenómeno cultural y unas prácticas sociopolíticas muy concretas, las propias del Imperio romano, que trascienden, con mucho, las meras representaciones teatrales al uso. Cumplirá su cometido si, al menos, logra llamar la atención sobre las diferentes claves de lectura que son posibles de un teatro romano.

2

EL ORIGEN DEL TEATRO EN EL MUNDO MEDITERRÁNEO ANTIGUO

La forma arquitectónica con la que se consolidó el teatro antiguo está directamente relacionada con la necesidad de congregar a un grupo numeroso de personas y enfocar su atención hacia los emisores de un determinado mensaje. De ahí que, cuando trata de rastrearse su origen, se busquen, precisamente, formas incipientes de auditorios, al margen de sus funcionalidades específicas, no siempre claras. Por ello, remontándonos quizá en exceso en el tiempo, los primeros graderíos construidos de los que se tiene noticia se encuentran en los palacios micénicos. Este tipo de espacios, asociados, en principio, a la celebración de asambleas, evolucionaron y adquirieron nuevas funciones a medida que la propia sociedad precisaba de escenarios más especializados para el desarrollo de la vida ciudadana. Por esa misma vía, también se evolucionará hacia diferentes edificios destinados a la reunión política, como los *bolouteria* griegos (fig. 4) o las propias curias romanas (fig. 5). Los diferentes edificios denominados "de espectáculos" surgirán estrechamente ligados a las prácticas religiosas. En el ámbito griego el teatro se asociará al culto a Dionisos y a las fiestas periódicas

Figura 4. Bolouterion de Paestum (Italia).

Figura 5. Restitución de la Curia Julia de Roma.

en su honor (fig. 6). Dado el peso de la tradición textual, tradicionalmente ha sido analizado como escenario de espectáculos escénicos, asociados a los grandes géneros teatrales clásicos: tragedia y comedia. Hay que tener en cuenta, no obstante, las dificultades actuales para acotar unas esferas funcionales mucho más difusas en el mundo antiguo. El carácter religioso es omnipresente en los textos dramáticos antiguos, a lo que se une la localización de los teatros griegos en grandes santuarios, como los célebres de Olimpia o Epidauro (fig. 7).

Figura 6. Escena en crátera de figuras rojas.

Figura 7. Teatro griego de Epidauro.

Desde el punto de vista estructural, el teatro griego y más concretamente el helenístico, difundido en el ámbito de la Italia meridional y central –la conocida como *Magna Grecia*–, se caracteriza por una gran cávea poco compartimentada y apoyada en la pendiente natural del terreno, una orquesta circular y un edificio escénico muy elevado, estrecho y netamente separado del graderío, evolución en piedra de antiguas barracas y construcciones efímeras (fig. 8).

Figura 8. Maqueta de terracota de edificio escénico.

A lo largo de los siglos II y I a.C. comienzan a construirse teatros pétreos en diferentes ciudades del centro de la península itálica en los que, paulatinamente, se van incorporando mejoras técnicas y estructurales de manos de la experimentación en arquitectura y de las posibilidades que los nuevos materiales ofrecen (fig. 9). Algunos imponentes graderíos levantados también en este momento siguen vinculados a importantes centros religiosos como los santuarios de *Tibur* (fig 10), *Praeneste* o *Gabii*.

Figura 9. *Teatro de Pompeya.*

Figura 10. *Restitución del santuario de Hércules Víctor en Tibur.*

Lamentablemente, no se conservan estructuras, para esos mismos momentos, de edificios teatrales en la ciudad de Roma. La amenaza para el orden social establecido que podía suponer la concentración de la población en un mismo lugar, así como la manipulación que de ella podían hacer las diferentes facciones políticas que se disputaban el poder en la Roma tardorepublicana, llevaron a prohibir la edificación de teatros estables. Habrá que esperar hasta el año 55 a.C. para contar en la ciudad con el primer teatro construido en piedra, el levantado por Pompeyo en el Campo de Marte (fig. 11).

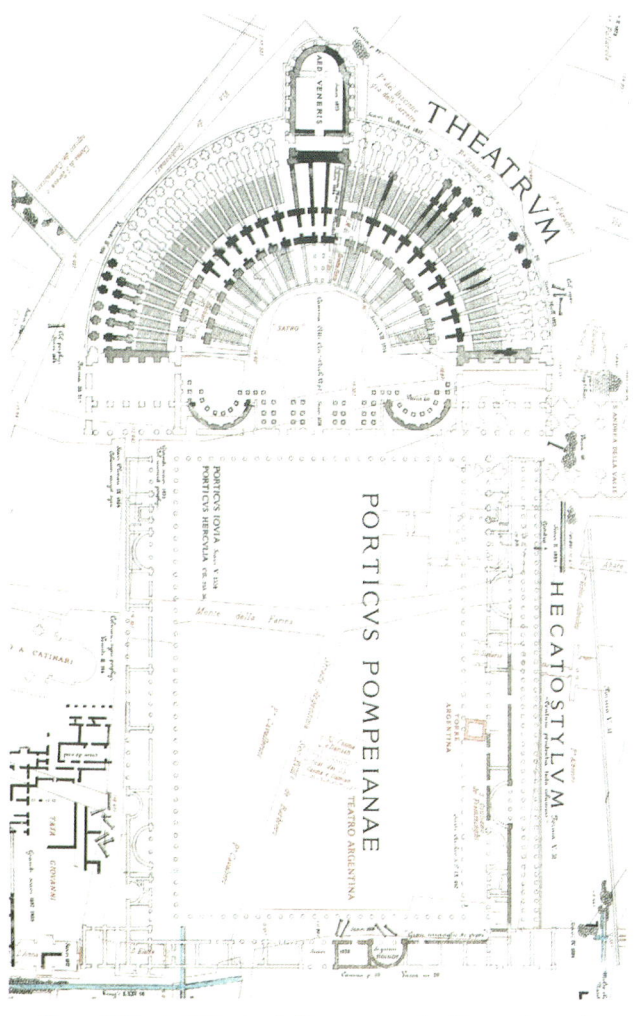

Figura 11. *Planta del teatro de Pompeyo en relación con el caserío moderno de la ciudad de Roma. De la Forma Urbis de Rodolfo Lanciani.*

Incluso en esta ocasión, como narra Suetonio en la *Vida de Divo Julio*, sirviéndose de una estratagema para sortear la prohibición: concibiendo el graderío como una imponente escalera ceremonial de subida al templo dedicado a Venus en su parte alta.

Se "abría así la veda" para la construcción de edificios teatrales en la ciudad de Roma que, con el Principado de Augusto, fue objeto de una importante renovación, como el propio emperador dejó escrito en el considerado como su testamento de gobierno, las *Res Gestae Divi Augusti* (fig. 12). Fueron urbanizadas nuevas áreas de la ciudad, se edificaron proyectos con un fuerte

Figura 12. *RGDA transcritas en la base del edificio que protege el Ara Pacis.*

contenido simbólico, como el conjunto compuesto por el reloj de sol (*Horologium Augusti*), el altar de la paz (*Ara Pacis*) y el mausoleo, y se llevó a cabo una importante renovación técnica en materiales y formas de construir. De hecho, será de nuevo Suetonio quien recordará que Augusto había recibido una ciudad de ladrillo –por la tradición republicana de construcción en terracota y piedras locales– y la había convertido en una urbe de mármol (Suetonio, *Aug.* 29). De esta forma, en la Roma de comienzos de la etapa imperial funcionaron, contemporáneamente, el levantado ya décadas atrás por Pompeyo, el dedicado a Marcelo (fig.13), sobrino de Augusto, y el sufragado por el senador gaditano Balbo; todos ellos en el Campo de Marte.

Figura 13. *Teatro de Marcelo.*

3

TEATRO(S) PARA UN IMPERIO

No ha sido de importancia menor para la adecuada caracterización de los teatros romanos, el tradicional peso de los estudios filológicos. Su carácter de espacios destinados a representaciones teatrales (fig. 14), conocidas por los textos literarios, condicionó la interpretación de su morfología, ubicación topográfica, localización urbanística, etc. A los testimonios

Figura 14. *Mosaico con máscaras.*

conservados de obras teatrales, se sumaba, además, un tratado fundamental, *Los Diez Libros de Arquitectura* del arquitecto Vitruvio (fig. 15), que vivió en época de Augusto, a quien, de hecho, se lo dedicó. No obstante, dado que es el único ejemplo conservado de ensayo de este tipo sobre arquitectura romana, se ha debatido mucho sobre su naturaleza: si es fiel reflejo actualizado del saber de su tiempo, si se trata más bien de un compendio de tradiciones previas o, incluso, si ni siquiera era una referencia a tener en cuenta entre sus contemporáneos, siendo, por tanto, menos representativo de lo que la investigación posterior ha subrayado. En el caso

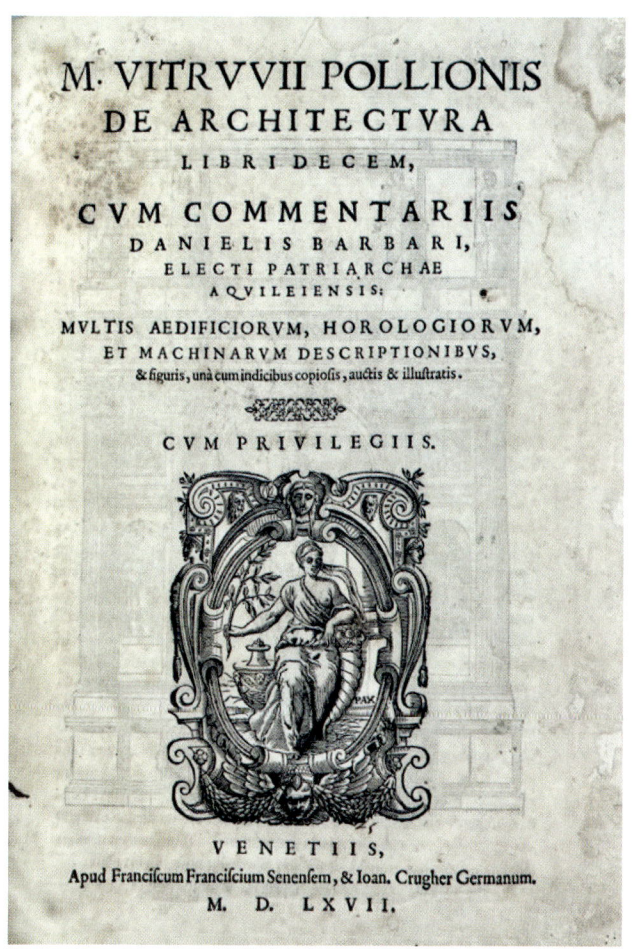

Figura 15. *Cubierta de los Diez Libros de Arquitectura de Vitruvio.*

concreto de los edificios teatrales, a los que dedica el libro V, aporta, entre otros aspectos, sugerencias sobre la localización más idónea para su construcción y propone cálculos geométricos para su trazado equilibrado (fig. 16). Mucho ha sido lo escrito por diferentes investigadores en las últimas décadas tratando de rastrear las directrices vitruvianas a partir de las plantas de las estructuras excavadas. Lamentablemente, es un ejercicio un tanto infructuoso, en la medida en la que, en muchas ocasiones, el resultado es algo forzado, al desatender el carácter acumulativo de muchas de las planimetrías, fruto de siglos de transformación y lejanas, en buena medida, del diseño inicial.

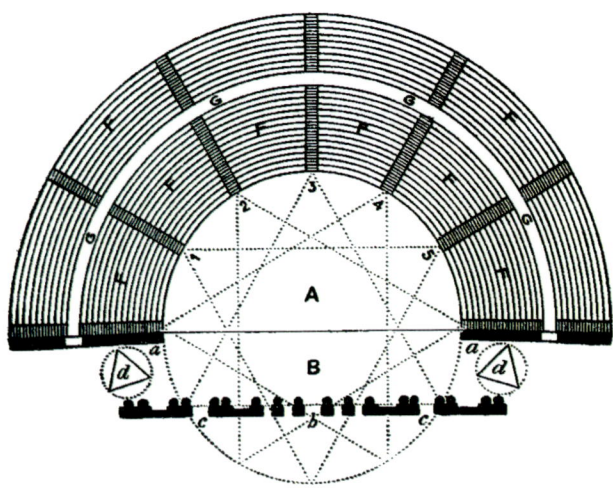

ROMAN THEATRE ACCORDING TO VITRUVIUS

Book V. vi.

A. Orchestra. B. Stage. *a–a.* Front of stage. *b.* Royal door. *c.* Side doors. *d.* Revolving scenes. 1–5. Staircases. F. Blocks of seats. G. Level gangway.

Figura 16. *Esquema de diseño vitruviano.*

Una de las consecuencias del peso de la tradición escrita ha sido la pretendida continuidad funcional del teatro desde su consolidación tipológica en el mundo griego hasta, prácticamente sin solución de continuidad, nuestros días. Hoy sabemos que en el teatro romano imperial ya no se representó a los clásicos que gozaron del favor del público entre fines del siglo III y comienzos del I a.C., como Plauto o Terencio (fig. 17). Los géneros más propios de la época en momentos posteriores fueron ya el mimo, la pantomima e, incluso, más adelante, espectáculos menores de dudoso gusto. La última comedia representada de la que se tiene noticia, al margen de los géneros cómicos más ligeros que se difundieron en época imperial, data del año 29 a.C.: el *Thiestes* de L. Vario Rufo; la última producción teatral cuyo texto se conserva íntegro, *Adelphi* de Terencio, fue escrito en torno al año 160 a.C.

La decadencia del género teatral latino puede hacerse coincidir no solamente con el Principado, sino

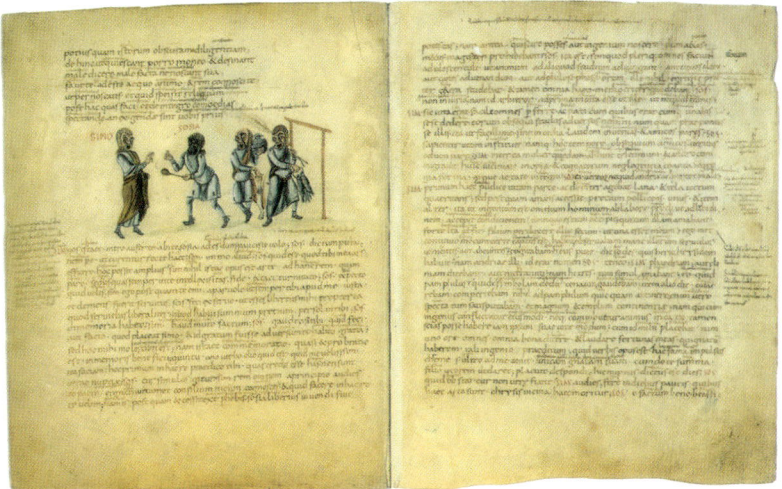

Figura 17. *Extracto del conocido como Terencio Vaticano, copia de obras de Terencio realizada en el siglo IX. Estas páginas corresponden a Andria, 4v, 5r. Se conserva en la Biblioteca Apostólica Vaticana (Vat. 3868).*

incluso algo antes, con la construcción del primer teatro estable en Roma. En torno al cambio de Era uno de los géneros protagonistas será la *farsa atellana*, género cómico con origen en la región de la Campania. En lo que a temática se refiere, tenía bastantes puntos en común con la antigua comedia tradicional, incluso conservaba buen número de sus personajes, muy estereotipados. El viejo ruin, el soldado fanfarrón, la doncella o la alcahueta se consolidaron como tipos humanos y a la vez iconográficos de repertorio, reproducidos hasta la saciedad en muy diferentes soportes: cerámica, pinturas parietales, etc. Que encontremos estas evidencias a lo largo de muchos siglos en la cultura popular y la vida cotidiana no debe llevar a pensar que corresponden a los personajes de los espectáculos teatrales de la época (fig. 18).

Los primeros siglos de la Era son la edad de oro de géneros como el mimo y la pantomima. Ésta fue introducida en torno al 22 a.C., en dos variedades, la trágico—mítica y la cómico—mítica. Con el tiempo se difunden otros más populares, cotidianos y realistas: crítica satírica de la situación política, parodias,

Figura 18. *Fresco con escenografía teatral.*

imitaciones de animales y personas, conductas obscenas, etc. No obstante, el género culto habría seguido cultivándose en círculos minoritarios y reuniones literarias de carácter privado, tales como la pseudotragedia o las *controuersiae*, de lo que puede ser buen ejemplo la producción dramática de Séneca.

Los denominados *ludi scaenici* han sido tradicionalmente asimilados a representaciones teatrales, si bien es muy posible que incluyeran numerosas manifestaciones de carácter tanto lúdico como político—religioso de límites muy difusos. De hecho, la traducción de *ludus* podría ser más bien "festival", o incluso el moderno "happening", mientras que *spectaculum* (pl. *spectacula*) equivalía, más estrictamente, a "puesta en escena". No obstante, también en este último caso incluiría todos aquellos eventos que se llevaban a cabo sobre el escenario, lo que no tendría por qué limitarse a representaciones dramáticas al uso. Los *ludi* acompañaron la celebración de triunfos militares y funerales, y formaron parte del programa del evento excepcional y único que fueron los *Ludi Saeculares*, a modo de una "Exposición Universal" de su tiempo.

Progresivamente, se produjo una evolución hacia géneros más ligeros y de mayor movimiento, características que resultaban más adecuadas para la nueva función que asume el teatro. Estas piezas, muy posiblemente, solo sirvieron de breves complementos de ceremonias y actividades político—religiosas, las verdaderas motivaciones tras la construcción de edificios teatrales tanto en la península itálica como en las provincias en época imperial. De otro modo, resulta difícil de explicar la convivencia, en la ciudad de Roma, de edificios teatrales para más de 40.000 espectadores (fig. 19).

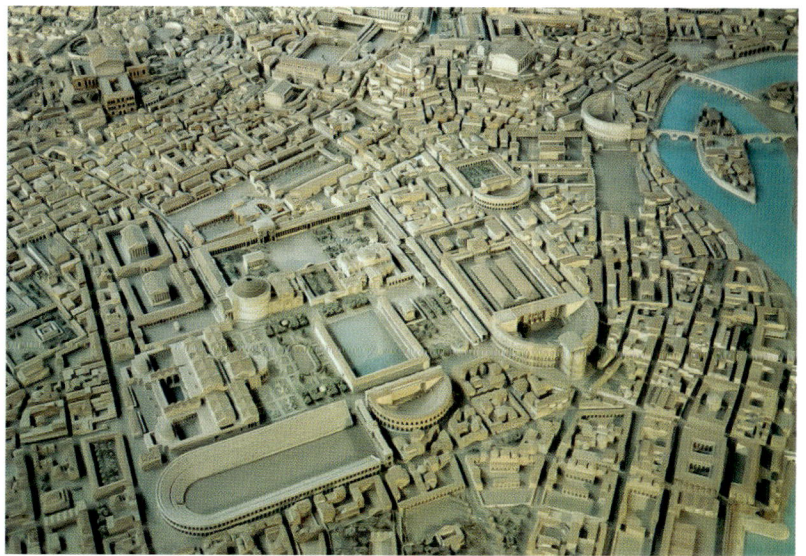

Figura 19. *Campo de Marte con los teatros, Plastico Gismondi.*

La temprana construcción de teatros en Hispania no debe ser, por tanto, relacionada con la rápida difusión del teatro como género. No respondió a una demanda ni de la población autóctona ni de las minorías itálicas, sino que vino impuesto como un medio de control sociopolítico, al margen de sus necesidades de diversión y espectáculos que, probablemente, tan sólo en muy escasa medida se colmaban en el teatro. Este, cuya morfología definitiva se había ido configurando de forma progresiva en los últimos tiempos de la República —sirvan como ejemplo las normas contenidas en la ley *Roscia Theatralis* del 67 a.C.—, con Augusto se adaptó a las nuevas necesidades ideológicas del régimen, como parte de su gran programa de renovación social. No hay que olvidar que el giro autoritario que supuso el Imperio se justificó, en lo concreto, como venganza de la muerte de César, quien ya antes había comenzado esa deriva de poder unipersonal; en lo más general, por recuperar los valores tradicionales de la República. En ese contexto, el teatro fue el edificio que, dada la limitación de la vida asamblearia en época imperial, asumió importantes funciones como medio de reunión de los ciudadanos, siempre de acuerdo con el orden social establecido y bajo la atenta mirada del emperador o, en las provincias, de los magistrados municipales (fig. 20).

Figura 20. *Frente escénico del teatro de Arlés.*

El teatro pasa a ser una pieza excepcional en el contexto de absoluta ritualización de la vida pública que caracteriza a la sociedad romana. Esto se refleja, especialmente, en las prácticas político—religiosas comunitarias que, en época imperial, llegan a su máxima expresión con el culto personal y dinástico a los gobernantes (fig. 21). En las provincias, el modelo se traslada con la escenificación del poder por parte de sus representantes: los magistrados municipales. En los territorios conquistados e integrados en la administración imperial el teatro sirve de vehículo

Figura 21. *Relieve de procesión del Ara Pacis.*

para legitimar el poder a ambas escalas: haciendo omnipresente al Emperador, pero también subrayando la adhesión de las elites provinciales al sistema. La cávea teatral permite el diálogo entre los miembros de una comunidad y de esta con el mundo que le rodea, de acuerdo con una organización estrictamente jerárquica. Con la reducción de la participación política que supone el Imperio el teatro adquiere protagonismo como escenario para el consenso social controlado.

En la medida en la que se trata de un espacio religioso, el teatro imperial subraya la paz y el orden social del que goza la comunidad ciudadana merced a la relación con los dioses, entre los que también se encuentran los propios emperadores. En cualquier caso, los edificios de espectáculos, unos más que otros, también tuvieron un carácter popular y populista desde el comienzo. Por Cicerón sabemos que en Roma fueron sede de asambleas deliberativas y electorales. Con el Imperio, aunque se reduce este papel asambleario, seguirán sirviendo a multitud de cometidos: administrativos, judiciales, religiosos, etc.

De esta forma, el teatro romano imperial, que es el que se exporta y replica en suelo provincial, sin negar rotundamente su función como lugar de representaciones escénicas de diferente temática y naturaleza, se convierte en un espacio polivalente al servicio de la vida política, tanto de la emanada del poder central, como del municipal y, lo que es más importante, como nexo entre ambos. Reflejo de ello son tremendamente ilustrativos algunos protocolos rituales conservados en epígrafes de ciudades del Mediterráneo central y oriental, como *Hispellum* o *Gythion*. Muy probablemente, son los únicos testimonios de prácticas que serían mucho más generalizadas en todo el imperio. Las imágenes de las divinidades eran sacadas de sus templos para procesionar por la ciudad, a cuyo paso las gentes hacían sacrificios y libaciones en pequeños altares. El teatro era un hito relevante en este circuito, donde las estatuas quedaban expuestas, muy probablemente, con ocasión de ceremonias y rituales.

El nuevo –o mejor reinterpretado– papel asumido por el teatro en época imperial permite explicar diferentes elementos de difícil lectura en caso de admitirse una total continuidad funcional con los edificios republicanos previos. Es el caso de la propia iniciativa de construcción en las provincias occidentales del Imperio o, más aún, las profundas transformaciones sufridas por buen número de los antiguos teatros griegos, cuando no la construcción de nuevos edificios teatrales "a la romana" conviviendo con otros de tipo helenístico, como en Atenas (fig. 22), el levantado por Herodes Ático en el siglo II d.C. y el antiguo de Dioniso respectivamente.

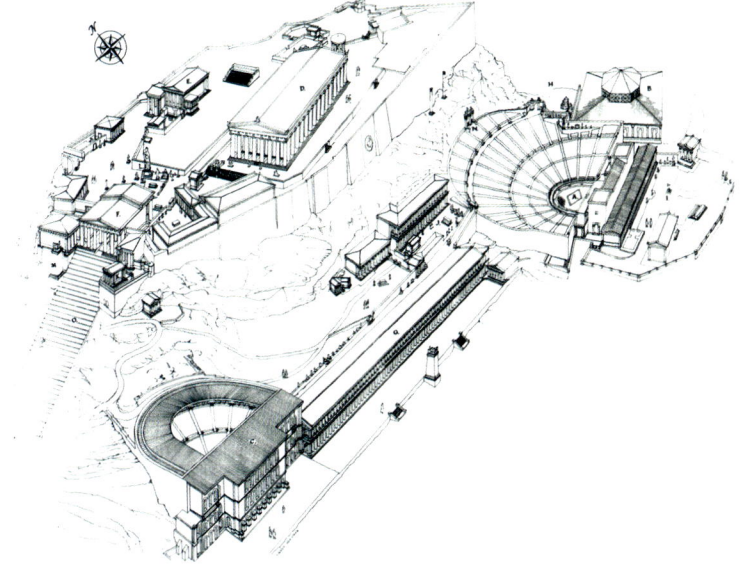

Figura 22. Atenas en el siglo II d.C. con los diferentes teatros construidos en la ladera de la acrópolis: antiguo teatro de Dioniso, teatro cubierto ("odeón") y teatro de Herodes Ático

4.

EL TEATRO PARA LOS ROMANOS: CONTINENTE Y CONTENIDO

El teatro, en el fondo, es un lugar donde se presenta una actuación –quizá el término inglés "performance" abarca el sentido más amplio que aquí nos interesa– ante un grupo de personas congregadas para ello. Su forma y disposición potencian la calidad y garantías de la comunicación, tanto visual como acústica, contextual y perceptiva. Partiendo de esta premisa, no ha resultado fácil a la investigación identificar los primeros teatros que pueden considerarse como tales, ni la evolución del tipo arquitectónico. Aunque no todos los espacios para la reunión de personas en el mundo romano serían teatros, determinados ambientes con graderíos o lugar para el asiento y la contemplación pudieron tener connotaciones en cierta forma "teatrales"; es el caso de las cáveas en grandes santuarios tanto griegos como itálicos. Otro aspecto que excede a nuestras actuales herramientas de análisis serían los espacios abiertos no construidos o con estructuras efímeras que pudieron servir para el desarrollo de actividades escénicas. En esto resultan de gran auxilio las fuentes textuales, si bien se corre el peligro de extrapolar o considerar habituales prácticas que, precisamente por su singularidad y excepcionalidad, fueron objeto de curiosidad e interés. En diferentes copias conservadas de leyes municipales, se alude, por ejemplo, al foro como lugar de desarrollo de *ludi*.

De todo ello se obtiene, por tanto, un panorama mucho más rico y versátil tanto para los propios espacios como para las actividades que se realizaban. Ni los edificios teatrales se limitaron a acoger espectáculos de carácter escénico al uso, ni estos últimos tuvieron como escenario exclusivo los teatros. El teatro romano ha sido entendido, tradicionalmente, como la continuidad del gusto por los espectáculos griegos que, de manos de su profundo filo—helenismo, la cultura romana supo integrar entre sus aficiones. En el estado actual de la investigación, aproximarse al teatro desde un punto de vista de mero espacio de representaciones escénicas, entendidas éstas de forma convencional, quizá no sea absolutamente erróneo, pero resulta una visión muy restrictiva.

En la época imperial, además de como símbolo de romanidad a exportar a los territorios conquistados, las estructuras teatrales deben ser también reconocidas como instrumento de la nueva ideología, escenario de ceremonias y actos con un elevado contenido simbólico, político, religioso y propagandístico. De hecho, desde el punto de vista formal, en los edificios teatrales romanos se identifica toda una serie de transformaciones con respecto a los antiguos grecohelenísticos, a fin de adaptarse a esa nueva concepción y funcionalidad (fig. 23). Frente a los antiguos teatros griegos asociados en buena medida a santuarios extraurbanos, y a los ejemplos itálicos vinculados a centros religiosos

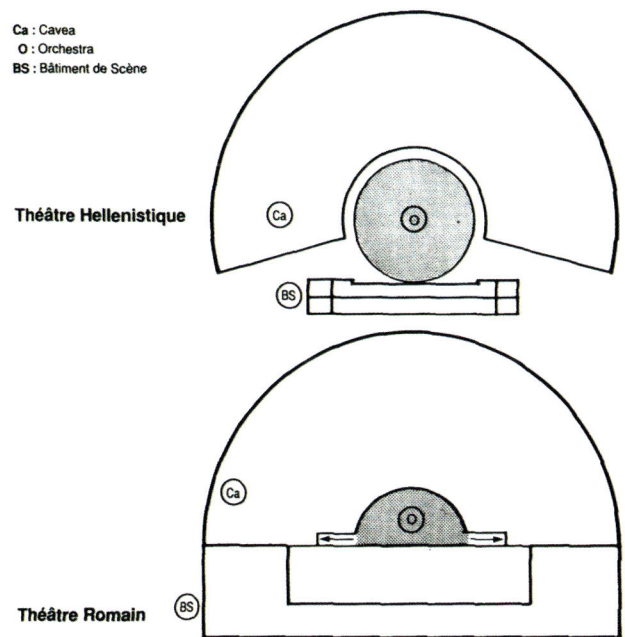

Ca : Cavea
O : Orchestra
BS : Bâtiment de Scène

Théâtre Hellenistique

Théâtre Romain

Dessin: Albéric Olivier, CNRS, Bureau d'Architecture Antique de Dijon.

Figura 23. *Comparación entre los esquemas de los teatros griego y romano.*

ceremoniales, el teatro romano terminó consolidándose como un ingrediente fundamental del entramado urbano. Una mayor pericia técnica, así como el desarrollo de nuevos materiales tales como el *opus caementicium* –el cemento romano– propiciaron, en muchos casos, una elección más libre del lugar de ubicación del edificio: un sistema artificial de pasillos abovedados anulares y concéntricos denominados *substructiones* posibilitó levantar livianas cáveas exentas con monumentales fachadas, permitiendo así mayor independencia entre el proyecto y la topografía original (fig 24).

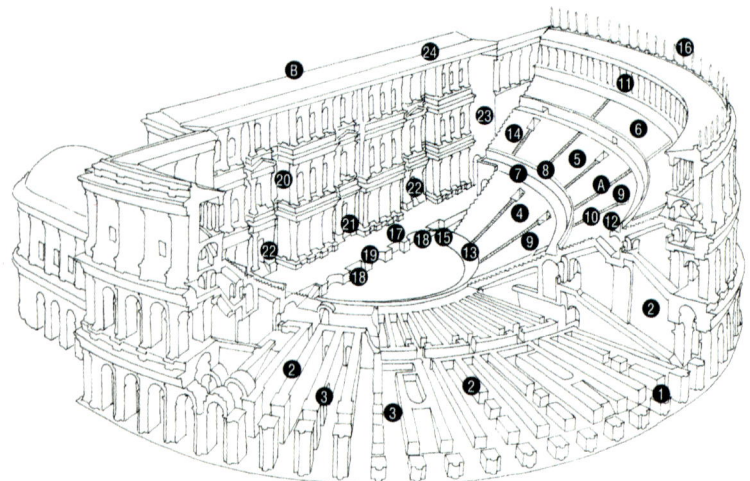

Figura 24. *Axonometría de teatro levantado sobre substrucciones con cávea exenta.*

La definitiva fusión entre el graderío y el edificio escénico a través de la cobertura de los pasillos intermedios que dan acceso a la orquesta central (los *aditus*) y del desarrollo paralelo de los muros de las *versurae*, hizo de los teatros unos edificios coherentes y más versátiles como piezas del puzzle urbano. No obstante, en la práctica, de lo que son un buen ejemplo algunos de los béticos, en una búsqueda de ahorro tanto de medios técnicos como materiales, se recurrió con frecuencia a soluciones intermedias, aprovechando las posibilidades topográficas y escenográficas de determinados entornos (fig. 25).

Figura 25. *Cávea del teatro de Baelo Claudia.*

Otro aspecto determinante en la configuración del teatro romano como entidad arquitectónica con personalidad propia será la atención prestada a la disposición de los espectadores en la cávea (fig. 26). Fue

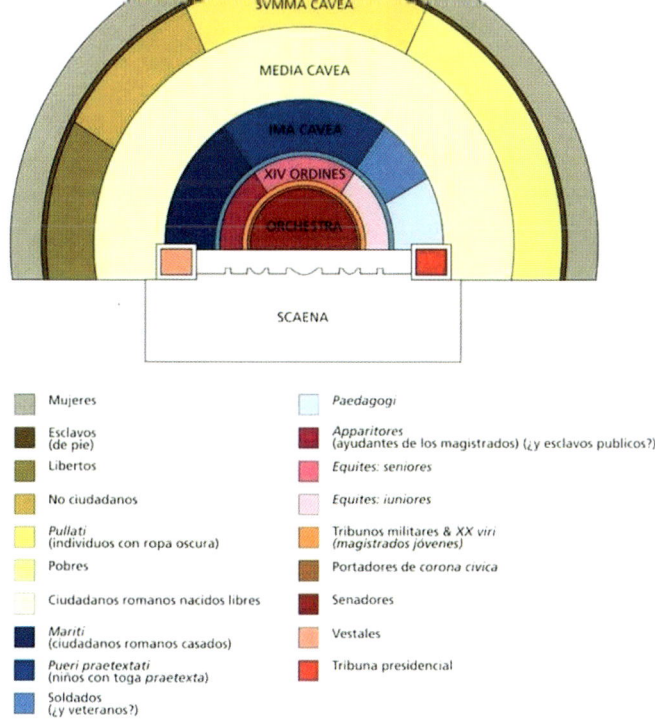

PORTICVS

SVMMA CAVEA

MEDIA CAVEA

IMA CAVEA

XIV ORDINES

ORCHESTRA

SCAENA

Mujeres	Paedagogi
Esclavos (de pie)	Apparitores (ayudantes de los magistrados) (¿y esclavos publicos?)
Libertos	Equites: seniores
No ciudadanos	Equites: iuniores
Pullati (individuos con ropa oscura)	Tribunos militares & XX viri (magistrados jóvenes)
Pobres	Portadores de corona civica
Ciudadanos romanos nacidos libres	Senadores
Mariti (ciudadanos romanos casados)	Vestales
Pueri praetextati (niños con toga praetexta)	Tribuna presidencial
Soldados (¿y veteranos?)	

Figura 26. *Distribución jerarquizada del público en la cávea según los discrimina ordinum.*

una preocupación ya desde época tardorrepublicana, tal y como lo dejan ver textos jurídicos como las leyes *Roscia* (67 a.C.) y *Iulia Theatralis* (19 a.C.). En el graderío repleto se encontraría representada la totalidad de la población –también los no ciudadanos– de acuerdo con un estricto orden y posición, que plasmaba la estructura social y el papel de cada grupo dentro de ella. Estas directrices se materializaron también en importantes cambios estructurales. Así puede entenderse, por ejemplo, la acusada separación documentada en muchos edificios en la parte alta del graderío, tratando de establecer una importante barrera tanto visual como física a los sectores de la población allí ubicados (fig. 27). Los asientos individualizados sobre los primeros escalones

Figura 27. *Teatro de Carthago Nova (Cartagena) en el curso de su restauración. Se observa el alto podio de separación de la media y summa caveae.*

bajos de la orquesta (la *proedria*) estaban destinados a los magistrados municipales, sacerdotes e invitados prestigiosos (fig. 28). También puestos de excepción eran los ubicados en los *tribunalia*, a modo de palcos sobre los pasillos cubiertos, bien visibles desde muy diferentes puntos del graderío.

Figura 28. *Proedria del teatro de Itálica, con balteus de apoyo de los sitiales.*

La romana, a pesar de los notables cambios que se produjeron a lo largo del tiempo, era una sociedad muy jerarquizada y muchos eran los ámbitos en los que se trataba de enfatizar las diferencias entre grupos y personas. El teatro, que se caracterizó por ser de los pocos espacios públicos donde se daba cita el grueso de la población, sin restricciones, servía, paradójicamente, como metáfora del orden social. Incluso se promulgaron leyes para ello. En la sociedad romana el patrimonio personal determinaba el acceso a los grupos privilegiados; de estos salían, a su vez, los gestores de las ciudades (duóviros y decuriones) y los titulares de los diferentes sacerdocios (pontífices, flámines, etc.) que, en muchas ocasiones, recaían en las mismas personas. Si ya en 67 a.C. la republicana *lex Roscia theatralis* establecía la reserva de las primeras filas del graderío para los miembros del orden ecuestre, la posterior *lulia theatralis* augustea detallaba cuál era el lugar a ocupar por cada colectivo. En la parte alta asistían los esclavos y las mujeres (fig.29). El escritor Marcial, en alguno de sus célebres epigramas, llama pícaramente la atención sobre los aspavientos de algunos al mirar a las mujeres en la *summa cavea*. No obstante, es muy posible que algunas de ellas con cargos relevantes o pertenecientes a la aristocracia local se acomodaran en posiciones más exclusivas.

Buena parte de las soluciones arquitectónicas que observamos en los teatros conservados, como los de *Baelo Claudia*, *Gades* o *Corduba*: galerías anulares

Figura 29. *Caja de escaleras de acceso a la summa cavea en el teatro romano de Baelo.*

de circulación, *vomitoria* radiales, pasillos intermedios o multiplicidad de puertas en fachada, servían por supuesto para favorecer la circulación eficaz del numerosísimo auditorio pero, más aún, para permitir a cada uno acceder a su lugar sin mezclarse con el resto. Algunas evidencias de puertas y barreras, canceles y cierres metálicos, como los documentados en los teatros de *Acci* o *Italica*, habrían permitido discriminar el acceso a la cávea y a los asientos sobre la orquesta, según los casos.

5

TEATRO Y COMUNIDAD CÍVICA: "ACTORES" Y ESPECTADORES

Como se viene abordando en estas líneas, el teatro romano imperial tuvo otros muchos "actores" más allá de los convencionales. Los romanos no irían al teatro a lo que nosotros hoy en día. Incluso, un famoso episodio trasmitido por Filóstrato (*Apolonio de Tiana* 5.9) y que se ha querido localizar en la Bética a mediados del siglo I d.C., en tiempos de Nerón, parece precisamente transmitir que los edificios teatrales levantados en diferentes ciudades en plena época imperial poco tenían que ver con la tradición teatral antigua. Cuentan que un pantomimo, al parecer ataviado con indumentaria teatral, máscara y altos coturnos, habría dejado perplejas e incluyo atemorizadas a algunas personas en la que se ha interpretado como la antigua *Hispali*s, hoy Sevilla; sin duda, un activo y cosmopolita puerto en la época y, con seguridad, más que acostumbrado a novedades llegadas de fuera.

Agentes fundamentales en los teatros provinciales fueron las élites locales. La epigrafía llama la atención sobre ello. En teatros como el de

Figura 30. *Restos del epígrafe del teatro de Malaca.*

Italica —y probablemente también en *Malaca*, aunque mucho peor conservada— (fig. 30), una inscripción monumental ocupa el lugar principal del hemiciclo, donde se concentran todas las miradas, para subrayar la generosidad de dos conciudadanos, los Poliones, promotores de buena parte de la construcción del edificio en tiempos de Augusto. Al margen de las muy diferentes modalidades de evergesía a las que en la sociedad romana obligaba la asunción de un cargo público, los espacios donde se concentraba mayor número de población y más variada, eran, por su visibilidad y repercusión, los más convenientes (fig. 31).

Figura 31. *Inscripción monumental ante la orquesta. Italica.*

La mayor parte de los textos conservados que aluden a los espectadores se deben a autores de la élite social. Por eso no es infrecuente que cuando se refieran a los asistentes a los espectáculos, también en otros edificios como anfiteatros y circos, lo hagan con una cierta superioridad moral e incluso con tono peyorativo. De hecho, antiguos términos usados para denominar de forma genérica al público se han mantenido en nuestros "vulgo" o "turba"; también, por supuesto, "plebe", que recogía a todos aquellos que no formaban parte de los grupos privilegiados.

Las fuentes textuales también informan sobre la función coercitiva que cumplía el teatro. Por ser de los pocos espacios donde se congregaba toda la población (fig. 32), se convirtió en un lugar de excepción para calibrar la opinión pública, permitiendo que allí se expresara la masa congregada —muy heterogénea pero organizada en grupos— sobre diferentes medidas de interés

Figura 32. *Cávea del teatro de Gades.*

económico o social, que aprobaba o desaprobaba. Y lo harían de una forma muy universal: mediante el aplauso y el silbido respectivamente. Especialmente en la convulsa vida socio—política de época tardorrepublicana los grupos de opinión encontraban en el teatro el lugar donde hacerse oír por magistrados y responsables. Los contenidos de los espectáculos eran elegidos por los potentados promotores, partidarios de unas u otras facciones políticas que, con ello, trataban así o bien de condicionar al público o bien, al menos, entender sus posiciones. En ocasiones, incluso, se habrían producido desórdenes, provocados por el malestar de la plebe ante decisiones que, a su juicio, le perjudicaban o mensajes políticos ante los que no era favorable. Ha sido quizá de la correspondencia de Cicerón con sus amigos, quienes le ponían al día de la situación en Roma, de donde se ha obtenido mayor información sobre la capacidad de acción de los asistentes al teatro, siendo más difícil rastrear en qué medida una iniciativa semejante se mantuvo ya en época imperial. En cualquier caso, el teatro imperial, eliminada la pluralidad política, parece haber perdido, como casi todos los foros públicos de participación social, buena parte de la espontaneidad de la etapa tardorrepublicana anterior. Derivó en manipulación hacia los intereses de un sistema de gobierno totalitario y donde las libertades ciudadanas se habían visto mermadas con respecto a la participación previa. En cualquier caso, siguió siendo un lugar empleado para la propaganda y para la búsqueda de aprobación colectiva.

Figura 33. *Cávea del teatro de Malaca.*

Con estos últimos objetivos es, por tanto, con los que hay que conectar los teatros levantados en las provincias occidentales, también en Hispania (fig. 33). Si en Roma sabemos que los emperadores usaron la escena teatral para hacer alarde de las gestas militares, la conquista de nuevos territorios y el acceso a sus exóticos recursos (fig. 34), quizá sería lógico pensar en algo semejante a escala municipal, por parte de las aristocracias gestoras, sirviendo al mensaje de prosperidad y civilización que se pretendía transmitir a la ciudadanía.

Figura 34. *Pantera en un fresco de Pompeya.*

Una vez que las investigaciones se han abierto a otras cuestiones como los usos de los edificios teatrales o su función social y simbólica, también han tomado nuevo sentido algunos de sus rasgos formales, antes pasados por alto o diluidos en aproximaciones, excesivamente planas, al teatro como mera tipología edilicia. Ya se ha aludido más arriba a las posibilidades para la segregación social que ofrecieron las complejas cáveas huecas horadadas con pasajes radiales y galerías anulares cubiertas, rampas y escaleras, permitiendo dirigir a cada grupo a su lugar sin, necesariamente, mezclarse con el resto. Una vez acomodados, también la organización del auditorio seguía insistiendo en ello: palcos con accesos exclusivos (los *tribunalia*), altos parapetos infranqueables separando las diferentes zonas de asientos, cierres y bloqueos (fig. 35).

Figura 35. *Proedria del teatro romano de Malaca.*

6. EL TEATRO COMO IMAGEN DE ROMA EN LAS PROVINCIAS

Al margen del partidista uso que las élites locales de las ciudades dieron a los teatros, promocionando incluso su construcción, no hay que minimizar el papel de estos edificios, en suelo provincial, como vehículos del poder imperial central. Las evidencias son abundantes. Existen teatros, como los de Mérida (fig. 36) o Cartagena, donde se ha querido ver su participación directa en el apoyo a la construcción, siendo explícitamente mencionados miembros destacados de la casa imperial: respectivamente, Marco Agripa, yerno de Augusto, y Cayo y Lucio Césares, príncipes herederos fallecidos prematuramente. Al margen de estas iniciativas

Figura 36. *Teatro de Mérida.*

concretas, el emperador y su familia no habrían estado ausentes en los teatros de todo el Imperio, presidiéndolos, por medio de sus imágenes colocadas en el frente de la escena. Restos de estas galerías de retratos de la familia imperial, aunque maltrechos por el paso del tiempo, el abandono y el expolio, se han recuperado en los teatros andaluces de *Italica* (fig. 37), *Malaca* o *Corduba*.

Figura 37. Cabeza de principe julio-claudio del teatro romano de Itálica.

La estrecha vinculación de los edificios teatrales a la política y a la propaganda imperiales haría que las *élites* municipales vieran en ellos un escenario de excepción para manifestar su adhesión incondicional al poder central. Por tanto, el modelo de teatro que llegó a las provincias occidentales lo hizo, no solamente como elemento esencial de la política urbanística, sino también como mecanismo de control ideológico. Es en este contexto en el que cobran sentido los programas iconográficos presentes en los teatros, en especial, las esculturas del frente escénico. Allí se situaban las representaciones del Emperador y los miembros de su Casa, en orden jerárquico en relación con la línea de sucesión. No obstante, respondiendo a complejos vínculos de carácter incluso mítico, a ellos podían añadirse otras representaciones, como por ejemplo las de personajes alusivos a los orígenes de la ciudad o a repertorios vinculados a tradiciones decorativas con matices simbólicos o religiosos, tales como grupos de musas o personajes del cortejo báquico (fig. 38).

Figura 38. *Fuente-surtidor en forma de sileno de Baelo Claudia.*

Como ya se ha insistido, el teatro romano imperial es un edificio plenamente urbano. Se incardina en la planta de la ciudad, para lo que es preciso contar con un cuidado proyecto, dada la complejidad que supone tanto topográfica como planimétrica. Es preciso tener en cuenta que, especialmente en el caso de buena parte de las ciudades de las provincias occidentales, la construcción de un teatro se planificó cuando ya llevaban varios siglos de andadura, incluso, con un largo pasado prerromano. Eso motivó la adquisición de solares y la demolición de construcciones previas. En ocasiones el teatro se incorpora en una renovación urbana de cierto calado, coincidiendo incluso con un cambio de estatuto jurídico, que supone acceder a sectores nunca antes edificados u ocupados de forma tan solo residual. En otras, como ocurrió en Málaga, fue necesario amortizar edificaciones previas, en este caso unas termas (fig. 39). La plasmación del proyecto en el terreno supondría una compleja preparación previa del mismo, con

Figura 39. Termas republicanas documentadas bajo el teatro de Málaga.

excavaciones, aportes, instalación de estructuras de contención, anclaje de potentes cimentaciones, fundamentales en una estructura en pendiente destinada a albergar a miles de personas. A su vez, sería de enorme complejidad el juego de accesos y circulación, desde el exterior y dentro del propio edificio: galerías internas, bóvedas rampantes, cajas de escaleras, que debían funcionar a la perfección tanto desde un punto de vista pragmático para el flujo de espectadores como estático y mecánico en el complejo conjunto (fig. 40).

En ocasiones, al contemplar teatros maltrechos, muy expoliados, y con buena parte de sus fábricas perdidas, olvidamos la eficacia del modelo arquitectónico, perfectamente cerrado en sí mismo. En él otros aspectos como la acústica y la sonoridad, la visibilidad y la accesibilidad, las necesidades técnicas escénicas o la adecuada evacuación de agua de lluvia no podían ser asuntos menores. Su plena inclusión en la trama urbana, teniendo incluso que adaptarse a un entorno ya edificado, suponía nuevos retos inexistentes en la tradición teatral greco—helenística previa, con favorables condiciones naturales en ambiente suburbano.

Figura 40. *Cripta estructural y de distribución bajo la cávea del teatro de Gades.*

Aunque es mucho aún lo que queda por saber del entorno construido de la mayor parte de los teatros, también los béticos, lo que sí parece concluirse es que no parece haber existido un patrón urbanístico para su ubicación en el conjunto de la ciudad. Son mayoritariamente intramuros y no suelen estar alejados de vías principales y puertas de acceso, aunque las variantes, a pesar de los consejos de Vitruvio, son muchas y dispares. Las soluciones parecen ser casi tantas como teatros: centrales, periféricos, extramuros, asociados a otros edificios de espectáculo, próximos a las murallas y a las puertas, en las inmediaciones de otros espacios de representación, etc. Un mejor conocimiento de la trama urbana ayudaría, muy posiblemente, a entender los criterios de mayor peso a la hora de ubicar los teatros. En cualquier caso, al menos en Hispania, las posibilidades orográficas, que reducían costes y potenciaban el valor escenográfico, estarían entre los más determinantes.

A ello habría que sumar la inclusión de los teatros en entramados cívicos rituales y ceremoniales, en especial, a partir de la época imperial, y la consolidación del culto oficial al emperador, su familia y divinidades asociadas (fig. 41).

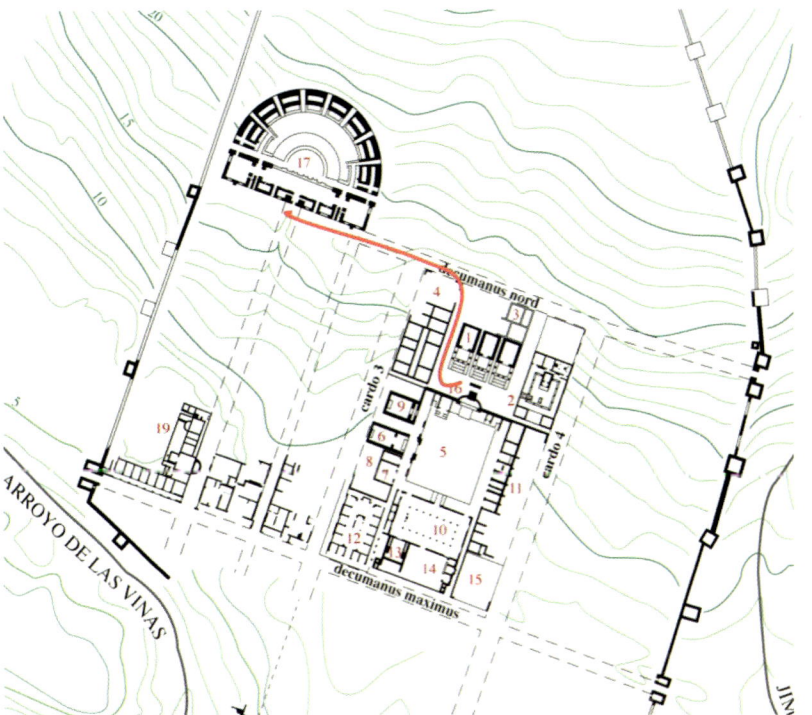

Figura 41. *Detalle del sector central-monumental de Baelo Claudia, con posible circuito ceremonial entre el teatro y el foro.*

Estos impresionantes edificios no debieron dejar indiferente a la ciudadanía. Pero, si la urbana quizá pronto los asumió como parte de su paisaje cotidiano, habrían tenido un efecto mucho más impactante sobre la población rural. Esta, muy numerosa en el campo romano, especialmente en algunos territorios caracterizados por un hábitat disperso, debía acudir a la ciudad con cierta frecuencia, ya fuera para la adquisición de productos, la venta de los propios o, sobre todo, para participar en actividades político—administrativas y religiosas de carácter obligatorio. Por esa razón la ciudad en general y el teatro en particular, habría cumplido una importante función en la transmisión de los valores romanos en los territorios conquistados.

A falta de más datos, fundamentalmente epigráficos, no consta en los teatros "andaluces" una eventual intervención imperial, ni tan siquiera indirecta, como las que se suponen para *Augusta Emerita*, en la persona de Agripa, y en *Carthago Nova*, a través de Cayo y Lucio Césares, nietos e hijos adoptivos de Augusto, fallecidos prematuramente, quienes habrían aportado, como ya se ha indicado, fondos para los gastos de le edificación en su calidad de patronos (fig 42). No

Figura 42. *Dinteles de Cayo y Lucio Césares del teatro de Cartagena.*

obstante, lo que sí se reconoce es el papel de las élite municipales, que encuentran en el teatro un instrumento de excepción para manifestar su adhesión al poder central establecido, a la vez que, para ganarse el favor de sus conciudadanos, a los que, en buena parte de los casos, administran como magistrados y sacerdotes a escala municipal. El mejor ejemplo de ello hasta el momento figura en el teatro de Itálica (fig. 43), en una inscripción monumental, de más de 12 metros de largo, colocada en el lugar más visible –ante el *proscaenium*, en el límite de la orquesta–. En ella se recuerda la inversión realizada,

Figura 43. *La inscripción del teatro de Itálica en su momento de hallazgo.*

de su propio patrimonio, por parte de dos "alcaldes" (duóviros) y muy probables sacerdotes del nuevo culto al emperador. Aquí aún figuran como pontífices, que no flámines, como se generalizará más adelante, como evidencia de un estadio aún incipiente de organización del culto. Su intervención supuso poder contar con algunos de los elementos constitutivos más importantes del teatro: el proscenio, la escena, la orquesta, unas aras y unas esculturas. Muy maltrecha está actualmente una inscripción de características semejantes del teatro de *Malaca* (vid. fig. 30), cuyo texto ha sido imposible reconstruir. Aunque es posible que estos elementos pudieran asimilarse a la construcción del edificio en su totalidad, también es factible que formaran parte de un acto evergético colectivo y que otros notables de la ciudad hubieran colaborado, aportando los que faltan. Así lleva a pensar otra placa coetánea hallada en el curso de las excavaciones en Itálica, reutilizada, del revés, en el pavimento de la orquesta, donde se recoge que un tercer individuo aportó, en su caso, unos arcos y unos pórticos (fig. 44). Aunque aquí es menos evidente su pertenencia a la estructura del teatro, no hay razones para dudar que no fuera así.

Sin duda, estos singulares epígrafes son testigos de la función que debieron de desempeñar las aristocracias urbanas en el establecimiento de vínculos entre el poder central y la ciudadanía, así como para la consecución de las herramientas que, como el teatro, servían para vehicular la ritualidad cotidiana

Figura 44. *Placa de Lucio Herio del teatro de Itálica.*

que precisaba la creciente adhesión a la estructura imperial a la que, a pesar de la distancia, pertenecían. Sin negar la función del teatro como lugar destinado a representaciones escénicas de temática y calidad diversas, se hace preciso entenderlo como un espacio polivalente al servicio tanto de la vida política municipal como de la emanada del gobierno central y, lo que es aún más relevante, como nexo entre ambas esferas de poder.

Con frecuencia se ha aludido al papel que pudo desempeñar el teatro como imagen de la integración provincial en la administración romana. Sin duda, la construcción de este tipo de edificios se concentra en una de las fases más activas de municipalización –la iniciada con César e impulsada por Augusto— poniéndose incluso su edificación en relación con las renovaciones urbanas motivadas por la adquisición de estatutos jurídicos privilegiados en sus diferentes variantes. No obstante, de haber sido un mero instrumento propagandístico, símbolo de civilización romana, habría sido quizá esperable una mayor proliferación de ellos en época más temprana, así como un nuevo impulso posterior, coincidiendo con la extensión de la ciudadanía en época flavia.

El teatro, altavoz de mensajes

Como ya se ha tenido oportunidad de insistir a lo largo de estas páginas, los teatros fueron escenario excepcional para la transmisión de mensajes a la población. Además de todos los diferentes símbolos y códigos más efímeros, que pasaban por los recorridos jerarquizados, los asientos exclusivos o el color de los ropajes, también los mensajes escritos, inscritos de forma indeleble en piedra y destinados a ser expuestos en lugares muy visibles, son un valioso testigo del valor ideológico y propagandístico de estos edificios.

De paralelos de todo el imperio se obtiene que las inscripciones abarrotaban los teatros, en el contexto general de la relevancia del lenguaje epigráfico romano en ambiente urbano. Las más monumentales, formando incluso parte indisociable de la estructura de la propia construcción, en forma de dinteles, frisos o pavimentos, suelen aludir a la propia construcción del edificio, dejando constancia de quienes se encargaron de sufragarla, ya fuera como parte de las obligaciones del acceso a cargos públicos o de forma más altruista. Es el caso de las conservadas en los teatros de Itálica y *Malaca* y a las que ya se ha aludido en el texto principal. En ambos casos se trata de enormes inscripciones que discurrían por uno de los puntos más visibles del edificio, donde se concentrarían todas las miradas: el cierre de la orquesta ante la tablazón de la escena. En Itálica, además, el efecto debió de ser majestuoso, ya que las bellas letras metálicas, fabricadas en bronce sobredorado, se encontraban insertas en cajas perfectamente talladas para ellas en una superficie de mármol blanco procedente de las canteras de Almadén de la Plata (Sevilla). En otras ocasiones, el teatro se aprovechaba también, dado su papel en la expansión de la ideología imperial, para mostrar la adhesión al régimen desde suelo provincial, como testimonian los epígrafes conservados en Cartagena y Mérida.

La oportunidad que suponía el elevado trasiego de personas y visitantes al teatro pudo ser utilizado para dar visibilidad a los notables locales en su voluntad de autorepresentación como de nuevo ocurrió en el pórtico trasero del edificio italicense. Allí se han conservado los dados de pedestal de esculturas, algunas de ellas ecuestres, con dedicaciones honoríficas entre privados, como la que *Amoena* hizo a su padre Lucio Pontio. Es posible que los espectaculares pedestales de estatua que recogieron la agitada carrera política de Marco Lucrecio Juliano, hoy en el Museo Arqueológico de Sevilla, y que terminaron siendo reutilizados como soportes de elementos móviles del decorado también hubieran estado allí en origen. Por último, Marco Cocceyo Juliano se hizo representar, junto con su mujer Junia Africana y su hijo Quirino, en tres de los lados de un bello altar poligonal, también encontrado en el curso de las excavaciones realizadas en los años setenta del siglo pasado en el entorno de la orquesta. Además del interés de la forma en la que eligieron ser representados, como estatuas honoríficas sobre pedestales, destaca la valiosa información que transmite la inscripción que las acompaña: la donación de unos canceles y unas columnas den mármol cipollino de la isla de Eubea, destinadas a la renovación del frente escénico a comienzos del siglo III d.C.

7

EL "ACENTO" DE LA BÉTICA ROMANA

"Oficialmente", los romanos desembarcaron en la península ibérica por vez primera en 218 a.C., cuando las tropas entraron por *Emporion* (Ampurias, Girona) con motivo de la II Guerra Púnica contra los cartagineses. A partir de entonces y tras la batalla de *Ilipa*, que les dio la victoria definitiva en suelo hispano en el 205 a.C., comenzó una larga conquista que culminó en el 19 a.C. con la pacificación de las últimas comunidades rebeldes del norte.

Dado que la anexión de los territorios se llevó a cabo de forma progresiva –fue frecuente la resistencia de diferentes pueblos hispanos como los celtíberos, en la Meseta norte, y los lusitanos en el área oeste— también fue preciso adaptar a las nuevas realidades su organización y división administrativa. En 197 a.C. ya habían quedado establecidos los límites de las dos provincias hispanas iniciales, asignadas a sendos pretores con poder proconsular: Citerior, correspondiente a la franja costera levantina y el valle del Ebro, que recibió su nombre por encontrarse más próxima a Roma, y Ulterior, que ocupaba el sur—suroeste hispano. Próxima ya la pacificación efectiva de todos los territorios peninsulares, Augusto aplicó una reforma que implicó la división de la segunda de ellas en dos nuevas provincias: *Vlterior Lusitania* y *Vlterior Baetica*, pasando a añadirse *Tarraconensis* a la denominación de la antigua Citerior.

Dentro del reparto de competencias en la administración de las nuevas provincias augusteas, la Tarraconense y la Lusitania se encontraban bajo control directo del Emperador, mientras que la Bética lo estaba del Senado. Fue, muy probablemente ésta la razón que llevó a Augusto a realizar una serie de cambios fronterizos, a fin de incorporar a sus territorios las ricas zonas mineras de *Castulo* (Linares, Jaén) y *Sisapo*

Figura 45. *Mapa de Hispania en época de Augusto, con división administrativa y cambios de delimitación entre provincias.*

(Almadén, Ciudad Real). Por esa razón el teatro de *Acci*, aunque la ciudad en un principio perteneció a la *Ulterior*, fue ya construido en la Tarraconense. A su vez, no es hoy "andaluz" el pacense teatro de *Regina* (Casas de Reina, Llerena, Badajoz) que en época romana sí se encontraba dentro de los límites de la Bética (fig. 46). La provincia

Figura 46. *Teatro de Regina con anterioridad a las restauraciones recientes.*

fue dividida en distritos jurídicos menores denominados *conuentus*: el gaditano, con sede en *Gades*; el hispalense, con capital en *Hispalis*; el astigitano, con centro en *Astigi*; y el cordubense, cuya capital era *Corduba* que, a su vez, ejercía la capitalidad de toda la provincia. Los especialistas no terminan de identificar la trascendencia efectiva de estas demarcaciones menores que, hasta donde sabemos, fueron casi exclusivas de las provincias hispanas. La Bética mantuvo, a grandes rasgos, sus límites durante todo el Imperio, incluso tras la importante reforma llevada a cabo por Diocleciano (284—304 d.C.) y la nueva organización en diócesis.

La provincia contaba con algunas de las ciudades más prósperas y de mayor tradición urbana y ciudadana de la antigua *Iberia*, como era el caso de la célebre *Gades* (Cádiz) (fig. 47) o de alguno de los núcleos que se localizaban en el fértil valle del Guadalquivir. Son

Figura 47. Vista aérea de Cádiz.

muchos los testimonios arqueológicos que, en muchos de estos enclaves, hablan del peso de las tradiciones locales y de las soluciones híbridas y tremendamente originales que, en lo cultural, surgieron de la interacción entre los nuevos administradores y las poblaciones aquí afincadas antes de su llegada. En buena medida, en el mediodía peninsular tienen que ver con el arraigo e influencia de pueblos de tradición oriental –fenicios y púnicos– que, no obstante, tras el paso de los siglos se constituyeron en comunidades con su propia personalidad occidental. Fueron determinantes para la evolución de las comunidades locales, como es el caso de los turdetanos.

En este panorama, cuando se empiecen a construir los primeros teatros en la Bética lo harán en el contexto de proyectos urbanos nada improvisados, preocupados por transmitir la eficacia del orden romano por medio de su principal instrumento de aculturación: la ciudad. Por ese motivo, aunque en otras esferas de lo cotidiano o lo privado podamos seguir rastreando el apego de grupos e individuos a sus raíces culturales, estos serán más difíciles de identificar en aportes antes inéditos como será el caso del teatro.

En estas tierras el río Guadalquivir, arteria principal de comunicación y de transferencia de bienes y saberes y de fértil vega, proporcionó, junto con los recursos mineros, una de las principales bases de riqueza de la provincia, especialmente dando salida a las enormes cantidades de aceite que, sobre todo desde época flavia, eran llevadas a Roma para ser distribuidas a los diferentes territorios del Imperio en una suerte de producción "nacionalizada", a través del sistema de la *Annona*. De la ciudad de *Hispalis*, hoy Sevilla, proceden algunos valiosos epígrafes que ilustran sobre esta estructura administrativa; algunos de ellos, sirviendo de base a la emblemática Giralda (fig.48), de época almohade. Este bienestar, sin duda, fue el caldo de cultivo de las fortunas gestoras de las ciudades, las mismas que, también, promovieron a través de actos evergéticos la construcción de obras públicas y nuevos edificios para el uso colectivo.

Figura 48. *Inscripción relativa a la administración del comercio del aceite reutilizada en la base de la Giralda, Sevilla.*

PARTE II

8

LOS TEATROS ROMANOS EN SUELO ANDALUZ

El mediodía peninsular había sido, tradicionalmente, un territorio propicio para el asentamiento humano estable. Contaba con recursos muy atractivos, como los metales, pero también con fértiles tierras para el cultivo y poderosas vías fluviales como el Guadalquivir que permitían una inmejorable comunicación de las tierras del interior con las redes mediterráneas y atlánticas. Eso hizo que, desde mucho antes de la llegada de los romanos, ya contara con una población numerosa y organizada, además, en asentamientos que relativamente pronto pudieron ser tenidos por ciudades. Si bien aún se discute el carácter urbano de Tarteso, este parece quedar fuera de toda duda en el momento en el que puede constatarse, con seguridad, la presencia estable de poblaciones orientales, fundamentalmente fenicios y griegos, pero no solo, allá por el siglo IX a.C.

Ya en la denominada por los investigadores Segunda Edad del Hierro (siglos VI–III a.C.) las tierras del mediodía peninsular estaban plenamente integradas en las dinámicas culturales y económicas mediterráneas. Poblaciones locales como las turdetanas muestran unos rasgos marcadamente orientales, tanto por el peso tradicional de la antigua empresa colonial fenicia como por la influencia púnica ya posterior. Todo esto para concluir que, en estos territorios, hoy andaluces, la organización previa en ciudades fue inteligentemente aprovechada por el orden romano cuando los anexionó, progresivamente, a partir de fines del siglo III a.C. Muchos de los antiguos núcleos fueron mantenidos, primero como ciudades "peregrinas", es decir, sometidas a Roma. Algunas de ellas ya en época temprana adquirieron el estatuto privilegiado de municipio. Otras, menores en número, fueron fundadas de nueva planta allí donde Roma lo consideró oportuno por diferentes razones estratégicas. De hecho, la provincia Bética fue, desde muy pronto, un territorio inerme, es decir, en el que no fue preciso mantener tropas militares estables para su defensa.

En lo que a nosotros interesa, la construcción de teatros, ese pasado cultural y una más o menos prolongada vida urbana no parecen haber sido factores determinantes; tampoco el estatuto jurídico. Se levantaron teatros en ciudades ancestrales como *Gades* –tenida por la ciudad más antigua de Occidente–, un referente en la protohistoria peninsular. Como se verá más adelante, aquí tuvo que ver con la iniciativa personal de los Balbo, una estirpe de origen local que llegó a lo más alto en los círculos de poder en Roma. *Carteia*, *Corduba*, *Urso* o *Acci*, con teatros, eran *coloniae*, aunque no partieran de la nada. No obstante, sí tenemos imponentes teatros en nuevas fundaciones fuera de la Bética, como en *Augusta Emerita* (Mérida) o *Caesar Augusta* (Zaragoza); y es más que probable que en el futuro se termine por localizar el de *Colonia Augusta Firma Astigi* (Écija), donde ya se han documentado anfiteatro y circo. Por esta disparidad y porque, muy probablemente, falten aún muchos de los que fueron, no estamos en condiciones en la actualidad de hacer elucubraciones sobre el eventual empleo del teatro por Roma, debido a la trayectoria urbana de la ciudad y su espectro poblacional.

Lo que resulta evidente es que uno de los momentos de mayor auge y consolidación de la política municipalizadora romana en Hispania tuvo lugar con César y Augusto. Con ellos, especialmente con el segundo y el importante giro político que supuso el Imperio, se consolidó la "imagen" romana de ciudad. En ella, como ya se ha insistido, el teatro fue de los edificios, inéditos hasta entonces en las provincias occidentales, que ganaron notable protagonismo, como instrumentos de aculturación. No será por tanto extraño que buena parte de las ciudades del sur peninsular contaran con uno, entre los espacios ideológicos más emblemáticos. A diferencia de la península itálica y Grecia, donde había existido el antecedente de los teatros griegos y helenísticos, o en las *Tres Galliae*, con el singular fenómeno de los teatros galo—romanos (fig. 49),

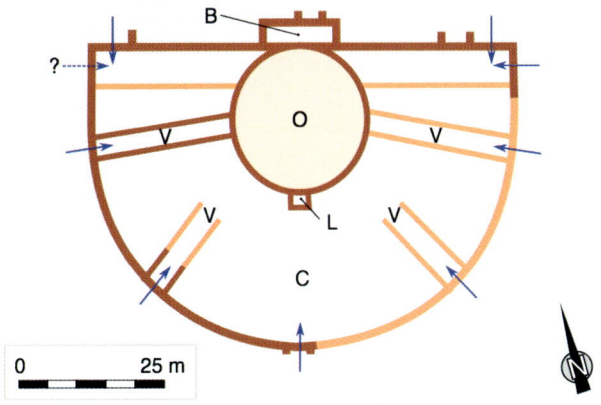

Figura 49. *Planta esquemática del teatro galo—romano de Alauna (Valognes, Francia).*

en Hispania —tampoco en la Bética— no existirá ningún espacio susceptible de asociar, en forma o función, con los posteriores o coetáneos teatros romanos. Ocasionalmente se ha remitido a algún graderío de funcionalidad muy incierta, como el documentado en la ciudad celtibérico—romana de Tiermes (Soria) (fig. 50), tallado en la roca natural, pero de tendencia longitudinal. Parece quedar fuera de toda duda, por tanto, que cuando los teatros se construyan en la península ibérica, a partir de época de Augusto, lo harán respondiendo a inquietudes y objetivos radicalmente nuevos traídos por Roma, sin rastro de sincretismo con nada, ni previo, ni local.

El grupo de teatros conservados y conocidos hasta el momento en territorio andaluz (véase mapa) está compuesto por los de *Corduba* (Córdoba), *Gades* (Cádiz), *Carteia* (t.m. San Roque, Cádiz), *Baelo Claudia* (t.m. Tarifa, Cádiz), *Italica* (Santiponce, Sevilla), *Urso* (Osuna, Sevilla),

Figura 50. *Graderío de Tiermes.*

Malaca (Málaga), *Acinipo* (t.m. Ronda, Málaga), *Singilia Barba* (t.m. Antequera, Málaga) y *Acci* (Guadix, Granada). Estructuras que se atribuyen a un teatro, aunque con reservas, han sido también documentadas en *Carmo* (Carmona, Sevilla) y, en una primera hipótesis en *Ategua* (t.m. Córdoba); aquí el avance de las excavaciones parece haber confirmado que se trata de un anfiteatro. A su vez, ya sean fuentes literarias o epigráficas han llevado a proponer la existencia de otros teatros (fig. 51), si bien aún sin restos materiales de ellos. Es el caso de Cástulo (Linares, Jaén), otro ejemplo que cambió de provincia con la reforma augustea, donde constan *ludi* genéricos (CIL II 3269) y *signa [...] ad theatrum* (CIL II 3270); *Aurgi* (Jaén) con referencia a *loca spectaculorum* (CIL II 3364); alusión epigráfica a la celebración de *ludi scaenici* se asocia a las antiguas localidades de *Canama* (Alcolea del Río, Sevilla) (CIL II 1074), *Licurgentum* (Morón de la Frontera, Sevilla) (CIL II 1264), *Osset* (Salteras, Sevilla) (CIL II 1255), *Tucci* (Martos, Jaén) (CIL II 1663) e *Isturgi* (Los Villares, Andújar, Jaén) (CIL II 2121). Como ya se ha expuesto, aunque esos testimonios no tendrían necesariamente que haber implicado la evidencia de un teatro en piedra al uso, es posible que futuras indagaciones en algunos de estos parajes deparen nuevos descubrimientos.

Figura 51. *Inscripción de Tucci. CIL II 1663.*

Por último, fuera de los límites de la Comunidad autónoma de Andalucía actual, pero sí dentro de la antigua provincia de la Bética se levantó el ya citado teatro de *Regina* (fig. 52), en la hoy localidad de Casas de Reina, en la provincia de Badajoz. La ciudad de *Acci* (Guadix) –y también Cástulo– comenzó incluida en la provincia de Bética en una primera demarcación, si bien pasó definitivamente a la Citerior Tarraconense con la reforma administrativa realizada por el emperador Augusto que afectó a la frontera entre ambas provincias. A pesar de estas matizaciones territoriales, no existen, aparentemente, diferencias entre los teatros que puedan explicarse por su adscripción provincial, algo, en cualquier caso, que puede hacerse extensivo a la forma urbana en modo general.

Figura 52. *Vista actual del teatro de Regina, tras los trabajos de restauración y acondicionamiento.*

A medida que se iban sumando edificios a la nómina de los teatros béticos, la investigación también comenzó a reflexionar sobre el origen del modelo y el circuito de transmisión del tipo arquitectónico, inédito en estos territorios occidentales hasta entonces. De nuevo, se ha abusado quizá en ello de presupuestos apriorísticos ya un tanto superados, como el necesario peso de la jerarquía administrativa provincial y conventual. A pesar de que, con total seguridad, queden aún por hallarse un buen número de teatros en tierras

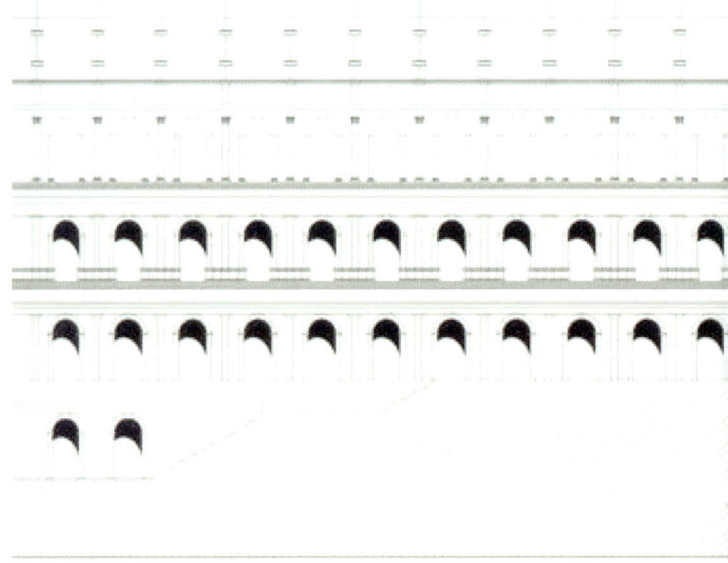

Figura 53. Restitución de la

64

andaluzas, el panorama actual ya permite matizar en buena medida esa propuesta. Las dimensiones no parecen haber sido lo más determinante dado que, como se verá más adelante, no necesariamente son un fiel reflejo del tamaño de la población. Conviene tener en cuenta otras cuestiones como la modernidad de las técnicas, la novedad de las soluciones constructivas o el empleo de determinados materiales, entre otras. En ocasiones, incluso, los teatros tienen más que ver con las tradiciones de la arquitectura local, presentes en otros edificios y proyectos de una misma ciudad, que en unas eventuales conexiones tipológicas comunes con otros ejemplos de su grupo. No se ha constatado con la suficiente nitidez la existencia de eventuales influencias entre edificios o el protagonismo de determinados proyectos como modelos de referencia para otros como, en ocasiones, se ha plateado para el caso del levantado en *Corduba*, la capital provincial. En cualquier caso y hasta que pueda contarse con más datos, sí parece poder afirmarse que el cordubense sería el más vinculado, en proyecto y soluciones estructurales, a los modelos de

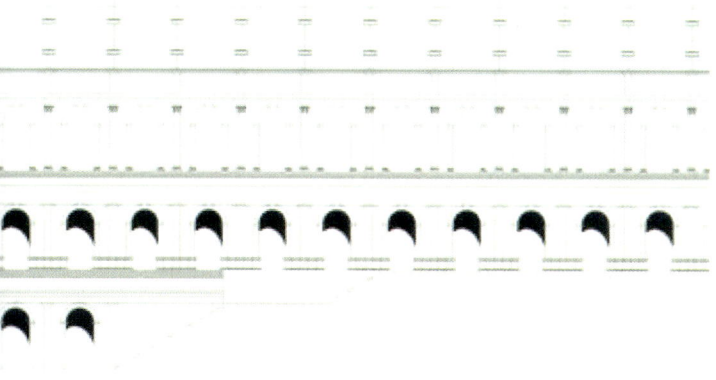

eatro romano de Corduba.

la ciudad de Roma. La cávea, exenta en buena parte de su alzado (fig. 53), levantada sobre substrucciones y con fachada exterior de órdenes superpuestos, recuerda, fundamentalmente, al teatro de Marcelo (fig. 54).

De la propia obra de Vitruvio (5.6.7), a pesar del abuso hecho por parte de los investigadores de sus indicaciones sobre el trazado, parece obtenerse que, a partir de unos principios comunes un tanto laxos, cada edificio supondría un proyecto específico, respondiendo a diferentes y determinantes variables. En conclusión, el conjunto resulta hoy un tanto dispar. Aunque ya lo fueron en origen, las diferencias se evidencian hoy aún más por su diferencial estado de conocimiento y conservación, el alcance de la puesta en valor y musealización, su acondicionamiento para el acceso público o, incluso, su integración en circuitos de espectáculos escénicos modernos.

Figura 54. *Fachada exterior del teatro de Marcelo en Roma.*

Grandes obras

El arquitecto Vitruvio dedica el quinto libro de su tratado a la construcción de teatros, insistiendo en la complejidad de su planificación y ejecución. Alude a cuestiones que tenían que ver con la orientación o la exposición a los vientos, en relación, también, con las necesidades acústicas. La práctica real parece demostrar que, a pesar de los sabios consejos, la rentabilidad y el aprovechamiento de las posibilidades topográficas pesaban más a la hora de elegir emplazamiento. No obstante, a pesar de la oportunidad de poder servirse, al menos parcialmente, de la pendiente natural para asentar el graderío, como en *Baelo Claudia*, *Gades* o *Carteia* o, incluso, tallar parte de los ambientes en la roca de base, de lo que son testimonio los de *Acinipo*, *Corduba* o *Urso*, la construcción de un teatro era una empresa de una gran complejidad. Para empezar porque, como ya se ha tenido la oportunidad de subrayar, en la práctica totalidad los teatros romanos, también los conservados hoy en suelo andaluz, se levantaron en entornos urbanos ya existentes. Eso suponía no solo tomar medidas contundentes en beneficio del interés público para la liberación de solares ya ocupados, sino, más aún, plantear de forma totalmente personalizada el proyecto, a fin de armonizarlo con viario y espacios urbanos preexistentes o coetáneos. El recorrido escalonado que costea la fachada del teatro de *Corduba* es un excelente ejemplo de ello.

Cuando la arqueología ha comenzado a ampliar su interés por los procesos constructivos, más allá de los edificios como tipos arquitectónicos estandarizados o productos finalistas, ha prestado atención a los trabajos de preparación y adecuación del terreno. Se llevaron a cabo aterrazamientos y remoción de tierra en unos casos, en otros aportes y rellenos; en muchos, las excavaciones han permitido documentar la construcción de cimentaciones formadas por muros concéntricos y radiales combinados, encargados de crear una potente retícula sobre la que asentar el graderío, como se ha podido constatar en el teatro de Itálica. Las estructuras pudieron incluir galerías y pasillos cubiertos, tanto con valor estructural como funcional, como la *crypta* anular del teatro de *Gades*.

La comprensión de los teatros como grandes obras de construcción también lleva a preguntarse por la logística relativa a la selección y abastecimiento de materiales o a los ritmos y espacios para su acopio. Sería preciso coordinar muy diferentes cuestiones y tareas. Unos materiales llegarían terminados a la obra, procedentes de canteras o talleres especializados, como buena parte de la decoración arquitectónica o los bloques para la construcción en sillería. Otros, necesariamente, se debían fabricar a pie de obra, como los morteros y cementos. Elementos metálicos y lígneos, incluso pétreos, precisarían *in situ*, al menos, un último acabado para la definitiva puesta en obra. Los tiempos no serían un problema menor: no todos los materiales podían ser almacenados largo tiempo, como las vigas y la madera en general, tampoco todas las épocas del año eran favorables para fabricar según qué materiales, como es el caso del citado *opus caementicium*, con procesos de secado muy determinados. Por las fuentes textuales sabemos que, como en la actualidad, una obra entregada fuera del plazo establecido podía sufrir penalizaciones; quizá el hecho de aparecer esto recogido en las legislaciones sea prueba de su recurrencia.

Antes de la inauguración todo debía estar listo. Los acabados, muchos de ellos hoy perdidos, harían de la obra un trabajo redondo. Hay que pensar en zonas ajardinadas, esculturas, pinturas, canceles y balaustradas metálicas, así como otros muchos elementos más efímeros y perecederos en madera o textiles.

9

SORPRESAS EN LA CIUDAD: LOS HALLAZGOS

Precisamente el hecho ya comentado de que el teatro para los romanos fuera un espacio cívico y plenamente integrado en la ciudad es lo que ha propiciado que buena parte de ellos solo haya sido conocida con el avance de la construcción y las renovaciones inmobiliarias actuales. Sin duda, no ha sido una tarea sencilla conciliar la complejidad topográfica y estructural de un teatro romano con el urbanismo posterior creado sobre él. En algunos casos ha supuesto la demolición de manzanas enteras, la reorganización del viario y la armonización de cotas muy dispares. Por esa razón, en ocasiones se han mantenido durante demasiado tiempo como heridas abiertas en las ciudades o "islotes" patrimoniales difícilmente asumibles por los vecinos y poco comprensibles para la ciudadanía general. Resultan tremendamente románticas y evocadoras algunas fotos, ya históricas, de cómo los restos de diferentes teatros iban emergiendo de entre el caserío moderno hasta que, programas de recuperación

Figura 55. Proceso de excavación de los restos del teatro romano de Córdoba, con motivo de la ampliación del Museo Arqueológico.

más ambiciosos han terminado por exhumarlos en su práctica totalidad convirtiéndose en los espacios patrimoniales coherentes que hoy conocemos. Es, por ejemplo, el caso del de Málaga, que solo se dio a conocer con motivo de las obras de la Casa de la Cultura o, también, del de Córdoba (fig.55), paradójicamente, bajo el edificio destinado a ser ampliación del Museo Arqueológico. Otros, como el de Cádiz, aún siguen en buena medida ocultos bajo las casas, en este caso, debido al propio interés patrimonial del popular barrio del Pópulo, que se levantó muchos siglos después sobre él (fig. 56).

Figura 56. *Restos del teatro romano de Cádiz, en buena medida, bajo las construcciones de la ciudad medieval y el Barrio del Pópulo.*

En Málaga el descubrimiento del teatro se produjo en 1951 con motivo de las obras de reacondicionamiento del entorno de la recién construida Casa de la Cultura, en la ladera suroeste de la Alcazaba (fig.57). Este nuevo edificio formaba parte de un importante proyecto de renovación de este sector de la ciudad, bastante degradado hasta entonces, a través de dotaciones administrativas y la definitiva ordenación de la hoy calle Alcazabilla. Sorprendentemente, los restos del teatro solo afloraron cuando el nuevo edificio para el denominado oficialmente Palacio de Archivos, Bibliotecas y Museos estaba prácticamente terminado,

Figura 57. *Foto antigua de las excavaciones en el teatro de Málaga.*

al proceder a excavaciones en una zona destinada a paseo ajardinado. Lo hallado correspondía a parte de la cubierta abovedada del *aditus* meridional y a algunas gradas inferiores de la cávea. La compleja convivencia con el edificio superpuesto hizo que, una vez agotadas prácticamente las posibilidades de excavación, los trabajos se paralizaran, a comienzos de los años sesenta, durante más de dos décadas (fig. 58). No obstante, el

Figura 58. *Convivencia entre el teatro de Málaga y la Casa de la Cultura.*

Pasado y presente de los teatros romanos en Andalucía

71

espacio teatral en ese tiempo fue ya empleado para la realización de representaciones, sirviendo, además, para canalizar las demandas ciudadanas de valorización del espacio en toda su extensión. Esto no tendría lugar hasta 1995, cuando la demolición de la antigua Casa de la Cultura permitió culminar las excavaciones y la recuperación de todo el conjunto hasta llegar a lo que hoy conocemos.

En Cádiz, la primera identificación del teatro romano se produce en 1980, con motivo de los trabajos de prospección para la delimitación de las fortificaciones históricas en el área de la antigua villa medieval. En la ciudad eran abundantes ya con anterioridad las leyendas y relatos algo fantasiosos sobre galerías y pasadizos practicables en el entorno de la Catedral Vieja que, en buena medida, aunque no solo, serían parte de las substrucciones del teatro, nunca colmatadas por completo. A algunas de estas míticas "cuevas" y pasadizos se había tenido tradicionalmente acceso desde emblemáticas construcciones con origen medieval y moderno, como la casa del Patio Mudéjar, la Posada del Mesón o la Casa de los Estopiñán (fig. 59). El interés por la conservación de la identidad del antiguo barrio, el valor histórico y tipológico de algunos de sus edificios, así como la excesiva profundidad a la que en algunos puntos se aventuraban los restos del teatro hicieron desaconsejable durante décadas una intervención en extensión. Por ello los restos conocidos inconexos se mantuvieron en el imaginario popular gaditano aún durante un tiempo.

Como en tantas otras ocasiones, dada la contundencia topográfica de las cáveas teatrales, también en Itálica había dejado intuir la posible localización del teatro fosilizada en el caserío y el viario de Santiponce. En ese sentido, es preciso tener en cuenta que el actual pueblo no se instaló sobre las ruinas de la ciudad romana hasta comienzos del siglo XVII, con motivo de la inundación del original, levantado en

Figura 59. *Actual ascenso desde la cripta anular de la cávea del teatro a la Posada del Mesón, rehabilitada en el área visitable.*

plena vega inundable del Guadalquivir. Los vecinos tras la tragedia habían pedido auxilio a los monjes jerónimos del Monasterio de San Isidoro del Campo, allí desde su fundación en 1301, y que poseían extensas tierras de cultivo en el entorno del convento, donde se asentaron los malogrados poncinos. Éstos, a medida que llevaban a cabo obras y remodelaciones, era frecuente que se toparan con hallazgos significativos, como el singular tesoro de áureos hallado en el Pajar de Artillo. Fue en el marco de trabajos arqueológicos desarrollados a comienzos de la década de los setenta del siglo pasado en diferentes puntos del que se tenía por el solar más antiguo ocupado por la ciudad romana —fundada según Apiano tras la batalla de *Ilipa* en el 206 a.C.—, cuando se comenzó a exhumar los restos de la cávea teatral (fig. 60),

Figura 60. *Fotografía de los años setenta de las excavaciones en el teatro de Itálica.*

de algunas de cuyas gradas ya existían unas primeras fotos de la década de los treinta. Formaba parte de un ambicioso programa de excavaciones e investigaciones en Itálica, promovido desde la Administración y ejecutado desde instancias universitarias. Para avanzar las intervenciones, que prosiguieron de forma un tanto desigual, fue preciso adquirir y demoler casas habitadas que, por sus peculiares plantas, alargadas y con corrales traseros, propiciaron la realización de una suerte de zanjas hasta que la práctica totalidad del graderío y buen parte de la orquesta y la escena quedaron a la vista. A la vez que se profundizaba se iban encontrando numerosos bloques constructivos y elementos arquitectónicos que, en la medida de lo posible, se iban dejando en su posición de hallazgo, como se puede observar en las fotos de la época (fig. 61). La excavación del teatro, entre otros sectores, favoreció una progresiva despoblación del sector del Cerro de San Antonio y el desplazamiento de los vecinos hacia barriadas nuevas más periféricas.

Figura 61. *Orquesta del teatro romano de Itálica. Excavaciones.*

En *Corduba* el teatro se descubrió hace pocos años con motivo, precisamente, de los trabajos de ampliación del Museo Arqueológico. Ya en los años sesenta se había procedido a la adquisición de los solares aledaños al palacio de los Páez de Castillejo que lo albergaba. Con anterioridad, en los años cuarenta, con motivo de la adecuación del palacio renacentista a sede del museo, se había identificado una suerte de escalinata, propuesta entonces como posible teatro, la que durante décadas ha acogido la sala de epigrafía (fig. 62). Con el avance de las excavaciones ha podido finalmente entenderse como una de las escaleras exteriores que,

Figura 62. *Sala de epigrafía del Museo Arqueológico de Córdoba.*

en torno a la fachada del graderío, permitían salvar el desnivel de la topografía original en pendiente. A lo largo de las décadas de los setenta y ochenta se hicieron intervenciones arqueológicas puntuales en algunos de aquellos solares, sin que la entidad de lo hallado, fragmentario, ni su estado de conservación permitiera entonces su identificación con el teatro romano o su entorno. El reconocimiento definitivo tendría lugar en el marco de un proyecto sistemático de a partir de comienzos de los noventa para caracterizar el sector conocido como Altos de Santa Ana, que sirvió para tratar de comprender, conjuntamente, las antiguas evidencias conocidas y las nuevas sacadas a la luz (fig. 63). La mayor

Figura 63. *Proceso de excavación de los restos del teatro romano de Córdoba.*

extensión del edificio exhumada correspondió con el inicio de las obras para la ampliación del Museo, en 2001. Podría decirse que desde las administraciones existió limitado interés y creatividad para plantear un futuro más ambicioso para el teatro, más allá de la solución, un tanto sobrevenida, de conciliar los restos excavados con el nuevo ala del museo, en forma de una cripta visitable donde han quedado interpretados y a disposición del visitante.

El último e inesperado hallazgo se realizó en 2007 en la actual Guadix, antigua *Acci*. Con motivo de los trabajos para la construcción de un aparcamiento público subterráneo en el solar conocido como la Huerta

Figura 64. *Proceso de excavación del teatro romano de Acci (Guadix). Elementos arquitectónicos en el hyposcaenium.*

de Lao, se documentó un potente muro de hormigón que más tarde pudo reconocerse como parte del frente de la escena (fig. 64). A pesar de los relevantes restos que en la ciudad existían para la época romana, no se contaba con ninguna referencia, ni textual, ni epigráfica, ni historiográfica sobre la existencia de un teatro, por lo que la sorpresa fue mayúscula. El proyecto de aparcamiento fue abandonado en beneficio de la excavación, recuperación y valorización del teatro, favorecido, además, por el hecho de que buena parte del terreno que ocupaba se había mantenido –por su carácter de antigua huerta extramuros– sin edificar. En cualquier caso, sí que hubo que hacer frente a las dificultades surgidas de conciliar el perímetro del nuevo espacio, mucho más bajo, con las infraestructuras y construcciones modernas (fig. 65).

Figura 65. Vista del área urbana del teatro romano de Guadix.

10

¿ESTÁN TODOS LOS QUE SON?

Durante años la investigación identificó en la Bética los teatros romanos más antiguos de Hispania: *Gades* (Cádiz), *Urso* (Osuna) y *Acinipo* (t.m. de Ronda), tenidos por preaugusteos. Esto no resultaba para nada incoherente con la solvencia urbana de estos territorios, ya desde mucho antes de la llegada de los romanos, que los había hecho tradicionalmente muy permeables a novedades culturales foráneas. No obstante, a medida que se ha ido reconociendo el papel político y simbólico jugado por este tipo de edificios, directamente vinculado con la expansión de la ideología imperial y la adhesión al régimen de las aristocracias locales, se ha hecho necesario revisar las antiguas propuestas.

En el caso de *Acinipo* (fig. 66), a falta de estratigrafía arqueológica, por estar casi en su totalidad excavado en la roca, eran unas supuestamente "rudimentarias" técnicas constructivas las que sugerían una datación antigua –republicana– para su

Figura 66. *Cávea excavada en la roca del teatro romano de Acinipo.*

construcción. Hoy sabemos, tras décadas también profundizando en la forma de construir y en el uso de los materiales en la arquitectura romana, que optar por determinadas soluciones edilicias no tuvo, necesariamente, connotaciones cronológicas.

Lamentablemente, aunque se han realizado en época reciente algunas intervenciones arqueológicas de apoyo a la puesta en valor del monumento, el hecho de que buena parte de sus estructuras estuvieran talladas en la roca –no solo el graderío–, no pone fácil documentar niveles que sirvan para datar la construcción. En cualquier caso, en las publicaciones más recientes se opta ya por esta datación de Augusto en adelante, a juzgar por la fecha que sugieren algunos elementos –la paleografía de una inscripción monumental, la tipología de elementos arquitectónicos– que, no obstante, serían criterios menos firmes que los materiales, eventualmente, asociados a niveles estratigráficos de construcción.

En *Gades* y *Urso*, siguiendo el peso de la tradición filológica, eran evidencias escritas las que forzaban unas cronologías antiguas para sus teatros conocidos, en ausencia, también, de datos arqueológicos fiables.

Las republicanas leyes municipales de *Urso* –*Colonia Iulia Genetiva*–, del año 44 a.C., aludían en sus capítulos 125 a 127 a prerrogativas en el teatro, relativas, por ejemplo, a los puestos reservados para los magistrados locales o a la promoción de espectáculos con fondos propios y públicos. Algunos investigadores vieron en ello la prueba fehaciente de que la ciudad habría necesariamente contado, en ese momento tan antiguo, con un teatro y que ese sería el conservado, aunque muy maltrecho por su reutilización como cantera de piedra, a las afueras de la actual Osuna, en el entorno del camino de La Farfana y de la Vereda de Granada (fig.67). Más recientemente la investigación sobre los textos jurídicos municipales romanos parece reconocer que eran fruto de fusionar y adaptar diferentes textos ya existentes; de hecho, la copia en bronce conservada y rescatada del expolio es de época flavia, lo que denota su vigencia y eventual actualización con el paso del tiempo, así como las posibles interpolaciones, es

Figura 67. *Graderio del teatro de Urso.*

decir, añadidos destinados a actualizarla. Por ello, no necesariamente serían un fiel reflejo de la ciudad donde se aplicaban, en la medida en la que no todo el articulado debía tener aplicación real y efectiva: se trataba de una jurisprudencia general emanada desde Roma.

En el caso de *Gades*, Cicerón había sido informado por su amigo Asinio Polión (Cic. *fam.* 10.32.2), allá por el año 43 a.C., sobre las andanzas del célebre e influyente Cornelio Balbo en su ciudad natal. El teatro hoy excavado parcialmente bajo el barrio del Pópulo se identificaba entonces con el lugar donde Balbo el Menor había reservado catorce primeras filas para los miembros del orden ecuestre y representado una pieza teatral sobre su vida, sus logros políticos y militares. También escandalizó a la sociedad gaditana otorgando a un actor cómico el anillo símbolo de este grupo privilegiado de los caballeros, permitiendo que se sentara entre ellos en el graderío (fig. 68).

De estos tres controvertidos teatros solo en Cádiz se han llevado a cabo en época reciente excavaciones encargadas de proporcionar cronologías más ajustadas que confirman su construcción más tardía, en contexto ya augusteo. Queda entonces por

Figura 68. *Teatro de Gades.*

saber la naturaleza y localización del espacio más antiguo asociado a las actividades propagandísticas de Balbo, quizá una estructura en materiales más efímeros.

Hoy en día, no resulta demasiado evidente a la investigación qué cualidades debía tener una ciudad para que contara con un teatro. Ciertos condicionantes que, a primera vista, podrían parecer determinantes, quizá no lo fueran tanto, en la medida en la que nos ha influido en exceso el tradicional papel hegemónico cultural atribuido a Roma. Es el caso, por ejemplo, del origen de la comunidad de personas. Según esto, los nuevos edificios abanderados de la imagen romana de ciudad no podrían faltar en las colonias de nueva planta, fundadas, en buena medida, con colonos o veteranos itálicos. Pero tampoco están ausentes, con seguridad, en el paisaje urbano de ciudades con un pasado mucho más antiguo y un peso efectivo de tradiciones culturales prerromanas, púnicas fundamentalmente en el caso de la Bética, como *Carteia*, *Hispalis* o *Urso*. Incluso *Malaca* y *Gades* eran antiquísimas ciudades de origen fenicio que poseen flamantes teatros. Algunos investigadores, incluso, justifican precisamente en ello el éxito de estas "apropiaciones culturales", como mecanismo de las aristocracias de origen prerromano para su mejor aceptación en la nueva coyuntura. De hecho, como ya se ha indicado, fue Balbo, un "púnico" plenamente inserto en los círculos romanos –de Roma—, el que lo levantó en su ciudad, *Gades*.

En algunas otras ciudades andaluzas, con pasado romano más o menos evidente, se ha planteado la localización de sus teatros. Es el caso de Carmona, no lejos de donde luego se levantó el Alcázar, una plataforma de sillares de al menos dos hiladas y disposición ligeramente curva se ha puesto en relación con la cávea teatral. En cualquier caso, lo que sí es cierto es que muchas ciudades béticas, a partir de lo que hoy sabemos de su desarrollo administrativo y su organización urbanística, es muy probable que contarán con un teatro que, quizá, en un futuro, pueda ser localizado. Es el caso, por ejemplo, de *Astigi*, *Hispalis*, Torreparedones o *Ategua*, entre otras muchas.

En otros casos, como ya se ha expuesto anteriormente, son evidencias epigráficas o textuales las que han llevado a proponer la existencia de un edificio teatral del que no constan otras evidencias materiales. Inscripciones recuperadas en diferentes ciudades de la Bética aluden, sobre todo, a *ludi scaenici*, dando por hecho que este tipo de actividades se llevaban a cabo, necesariamente, en un teatro pétreo al uso. Al margen, como ya se ha dicho, de que numerosos teatros estén aún por descubrir, o hubieran existido en su tiempo sin que nosotros seamos capaces de recuperarlos, es preciso cuestionarse si las diferentes actividades que pudieron quedar integradas en esa categoría genérica de "*ludi*" pudieron desarrollarse en otros espacios y lugares, quizá meros ámbitos abiertos eventualmente completados con estructuras efímeras. Textos como el ya aludido protocolo de los *ludi saeculares*, aunque se refiere a Roma, sirven para hacerse una idea de la abundancia de ambientes festivos y celebrativos y su especificidad. No existe total seguridad, por tanto, de que todos los espectáculos considerados "escénicos" o "teatrales" se llevaran a cabo en construcciones estables. Para ello, incluso, pudo servir el propio foro, como parece entenderse en las leyes de *Urso* (*LCGI*, caps. 70 y 71). Es quizá posible que las primeras representaciones que se realizaron en suelo hispano hubieran sido a cargo de soldados. Al parecer, con los ejércitos desplegados para la conquista viajaban también actores encargados de entretenerles, cuando no representaban obras ellos mismos, en escenarios efímeros levantados en los campamentos. No obstante, estos pasatiempos y el posterior teatro romano imperial poco habrían tenido que ver.

11

A VUELTAS CON LA CAPACIDAD

Una pregunta que suele surgir siempre que se comienza a avanzar, con ciertas garantías, en la caracterización de un nuevo edificio "de espectáculo", es la relativa a su capacidad: "¿pero, cuánta gente cabía?", preguntan escolares y periodistas, interesados y curiosos. Esta cuestión que, frecuentemente, no refleja otra cosa que inocente curiosidad, en ocasiones se ha empleado para calcular el volumen de la comunidad cívica de una población.

Figura 69. Detalle de las gradas del teatro de Itálica.

Son varios los matices a tener en cuenta para valorar la capacidad de un edificio teatral (fig. 69). La primera, como ya se ha insistido, el hecho de que las actividades que se llevaban a cabo en él formaran parte de las obligaciones cívicas y, por tanto, no deban ser entendidas como propias del tiempo libre o del ocio, conceptos tremendamente recientes. En relación con ello, especialmente en ciudades en las que existía abundante población residente en los entornos rurales, las celebraciones en los teatros supondrían hitos de atracción cívica, reuniendo a personas que habitualmente ni se encontraban en la ciudad ni habitaban en ella. Ello hace también reflexionar sobre el papel que desempeñaban los núcleos urbanos romanos en territorios de hábitat disperso,

Figura 70. *Teatro d*

como puedan ser un buen ejemplo *Baelo Claudia* o *Acinipo* (fig.70). Es muy probable que un elevado porcentaje de la población censada solo acudiera a la ciudad con ocasión de días de mercado, registros administrativos, votaciones y toma de decisiones o la asistencia, prácticamente obligatoria, a ceremonias y festivales religiosos, incluidos los desarrollados en el teatro. Las dimensiones y el alcance de las construcciones no tendrían, por tanto, que estar necesariamente en relación directa con la entidad o dimensiones de la ciudad, pudiendo entrar en juego otras variables, como el patrón de asentamiento en el territorio o la voluntad de autorrepresentación de las élites urbanas y su capacidad inversora, más allá de las necesidades reales.

Los promotores de los *ludi* eran las aristocracias locales que, o bien respondiendo a las obligaciones que suponía el desempeño de cargos públicos (la denominada *summa honoraria*), o bien de forma más altruista, los ofrecían a la comunidad. La epigrafía

...audia desde el aire.

también ha permitido constatar, como bien quedó plasmado inscripciones en piedra en el teatro de Itálica (fig. 71), que pudieron ser, incluso, los responsables de

Figura 71. *Inscripción del teatro de Itálica.*

la construcción y/o renovación de los edificios, como parte de esas liberalidades (fig. 72). Por ello, no resulta nada extrano que los propios magistrados que iban

Figura 72. *Ara de Marco Cocceio del teatro de Itálica.*

a someterse al escrutinio de sus conciudadanos por medio del voto (fig. 73), tratarán de atraerlos a la ciudad para mostrarles su buen hacer y la conveniencia de su gestión por medio de uno de los medios más eficaces: el teatro.

Siguiendo con la cuestión de la capacidad, es más que probable que no todo el graderío respondiera a un aforo homogéneo. La acusada jerarquización social reflejada en la cávea también se plasmaría en forma de asientos más amplios y cómodos para los grupos más pudientes e influyentes, mientras que los más humildes, en la parte más alta, estuvieran casi hacinados. De ello también ha quedado testimonio en algunos teatros. Sitiales individuales monumentalizados se habrían anclado en la *proedria*, los escalones del

Figura 73. *Inscripción electoral de Pompeya.*

contorno perimetral de la orquesta, apoyados en el respaldo marmóreo, como se evidencia en Itálica o *Malaca*. Además, ya en las primeras gradas de la cávea, con acabados marmóreos, en ocasiones se conserva la huella de reposabrazos, situados entre sí a una distancia que deja espacio bastante generoso para el asiento.

Que los puestos principales individualizados habrían sido frecuentes en el teatro se intuye también a partir de referencias como la que recuerda que Germánico, heredero de Augusto y fallecido prematuramente en extrañas circunstancias, recibió como honor póstumo tener una silla vacía en su recuerdo en los teatros del Imperio. Esta fue una orden que se dio a todas las ciudades, también las provinciales, y que, para ser transmitida y conocida, fue copiada y escrita en tablas de bronce. Algunas copias como las conocidas como las "tablas" Hebana y Heraclea han llegado hasta nosotros, siendo estudiadas por epigrafistas (fig. 74).

Frente a tan altas dignidades, los antiguos textos recuerdan que cada uno debía ocupar su lugar

Figura 74. *Tabula Hebana.*

en el teatro. Algunas placas marmóreas conservadas de asiento llevaban inscrito el nombre de los colectivos a los que estaban destinados: soldados, funcionarios públicos, miembros de asociaciones, etc.; esto también ocurría en otros edificios de masas, como el anfiteatro. Esclavos y mujeres debían ocupar el "gallinero" y es muy posible que allí no pudieran disponer de la amplitud de los espectadores que se acomodaban bajo ellos. Como se recoge en los textos legales y secundan muchos escritores de la época, ocupar un puesto no adecuado podía suponer elevadas multas en metálico. Pero todo indica que en el teatro todo eran códigos y no solo la posición era una clave de lectura sino, incluso, el color de los ropajes con los que se asistía.

En cualquier caso, a pesar de que el teatro podría parecer el más inclusivo de los espacios romanos, dando acceso a toda la población congregada, también escondía formas de discriminación para subrayar a aquellos que no seguían las directrices sociales perseguidas por el nuevo orden imperial: así, por ejemplo, las viudas que tardaban en volver a casarse o los solteros, no eran bien recibidos.

El mármol

El mármol tuvo un enorme valor simbólico en el mundo antiguo, que se ha perpetuado a lo largo de muchos siglos hasta nuestros días. Su extrema dureza —y belleza— hizo que se asociara con la propia idea de estabilidad y contundencia del poder, vinculándolo a espacios y mensajes destinados a mantenerse inalterables mucho tiempo. El término "mármol" que se emplea en la actualidad de forma genérica deriva del antiguo *marmor*, que poseía un significado más amplio y no correspondía estrictamente a una naturaleza geológica. De hecho, *marmora* eran consideradas muchas piedras duras susceptibles de recibir un acabado pulido, por lo que como tales se reconocen rocas de diverso origen, ya sean metamórficas, como los pórfidos, los granitos o los mármoles propiamente dichos, o sedimentarias, como infinidad de variedades de caliza. Frente a ello, bajo la denominación latina de *lapis* aparecen recogidas otras variedades de piedras más propias de la construcción y generalmente no empleadas en paramentos vistos y acabados decorativos.

Existió un grupo de *marmora* muy preciados procedentes de diferentes puntos del Mediterráneo, que incluso fueron fiscalizados directamente por el emperador en forma de la *ratio marmorum*. Algunos de ellos resultaban claramente reconocibles, debido a su coloración y estructura, y fueron muy codiciados. Especialmente costoso fue su transporte que, en la medida de lo posible, se hizo por vía acuática, marítima y fluvial. Las investigaciones se han intensificado en los últimos años incorporando técnicas procedentes de las ciencias experimentales, como las arqueométricas, que permiten aproximarse al lugar de origen preciso de los diferentes materiales pétreos. Muestrear, por un lado, canteras y afloramientos *in situ*, por otro, elementos marmóreos —escultura, epigrafía, piezas de decoración arquitectónica— en su destino último, está permitiendo obtener datos muy valiosos sobre capacidades inversoras, circuitos de transporte o grado de desarrollo tecnológico, entre otros muchos aspectos.

En la construcción de los teatros, en la medida en la que fueron ambientes directamente vinculados con el poder, los mármoles se emplearon con profusión. Lamentablemente, en muchos casos los prolongados e intensos procesos de expolio los han hecho desaparecer, desvirtuando la lujosa imagen antigua. Estaban presentes como acabados, en forma de aplacados, zócalos y pavimentos, en los sectores más nobles del edificio, como la orquesta, la *proedria* y el tramo inferior del graderío. El imponente frente escénico estaba igualmente cuajado de mármoles, tanto en la columnata organizada en varios órdenes arquitectónicos superpuestos —generalmente dos—, como en las esculturas que se alojaban entre ellos. Sobre mármol se talló la mayor parte de la decoración arquitectónica que, de acuerdo con combinaciones de motivos muy estandarizadas, se convirtió en un lenguaje claramente identificable y reconocible en todo el Imperio.

12

TODOS IGUALES, PERO TODOS DISTINTOS

La investigación sobre los teatros romanos se debate entre dos aproximaciones bien distintas, aunque complementarias. Por un lado, todos los edificios de la tipología comparten una serie de rasgos que los hacen reconocibles y, sobre todo, les permitía responder a los objetivos de las actividades que en ellos se llevaban a cabo. En la medida, también, en la que eran un símbolo de romanidad y un elemento relevante en el paisaje urbano exportado por Roma a los territorios conquistados, debían ajustarse a unos cánones específicos. Es quizá a estos aspectos, al diseño y al proyecto prístino, a lo que más se han dedicado los especialistas en arquitectura antigua, arquitectos en su mayoría. Por otro, sobre todo la arqueología se ha preocupado más, quizá, por las particularidades que, en cada teatro, permiten entender la adaptación del modelo a las necesidades de una comunidad concreta. También, a los testimonios materiales que sirven a la lectura en diacronía y que, por tanto, informan de la evolución del edificio como reflejo, en último término, del colectivo que lo construyó, usó, transformó y abandonó. De acuerdo con ello, cada teatro es único y cuenta una historia diferente. De hecho, uno de los atractivos de la arqueología es que es capaz de documentar desde procesos prolongados en el tiempo a hechos puntuales y únicos, como ocurrió en el teatro de *Acci*. Allí han podido identificarse los traumáticos efectos de la crecida de la rambla vecina cuando aún se estaba construyendo el pórtico trasero y que supuso el abandono del proyecto inicial. Pilló incluso desprevenidos a albañiles y estucadores en plena faena, que abandonaron allí mismo maquinaria e instrumental.

De esta forma, si tuviéramos que describir un teatro romano, aludiendo a lo irrenunciable, comenzaríamos por un graderío semicircular (*cavea*) dividido en su interior en tres tramos de gradas (*ima, media* y *summa caveae*) con número variable de asientos (*gradus*).

Escaleras radiales (*scalariae*) que, a su vez, facilitaban la circulación interior. Desde la fachada externa, más o menos articulada, se facilitaba el acceso a diferentes puntos de la cávea (*vomitoria*), circulación que incluso podía verse favorecida por una galería de remate superior (*porticus in summa gradatione* o *in summa cavea*). Frente a ésta se alzaba el edificio escénico (*scaenae frons*). Su estructura podía ser más o menos compleja, pero presentaba un alzado anterior, horadado con puertas (*valvae*) y ricamente decorado con órdenes de columnas y esculturas. Al pie de este frente columnado se encontraba el plano de la escena (*proscaenium, scaena*), lo más parecido a un escenario convencional, ligeramente elevado. Bajo él se encontraba un espacio subterráneo (*hyposcaenium*) en el que se localizaban los mecanismos de la tramoya, del telón (*auleum*) y otros recursos necesarios en el desarrollo de ceremonias y espectáculos. El sector más bajo del graderío, un área plana y semicircular, era la orquesta (*orchestra, proedria*), donde las excavaciones han documentado las huellas de mobiliario simbólico y decorativo, así como los anclajes para los asientos singulares de los espectadores más ilustres (*subselia*). Como ya se ha aludido más arriba, uno de los principales alardes arquitectónicos logrados en el teatro romano fue la fusión de cávea y edificio escénico. Como bisagra entre ambos elementos se encontraban unos pasillos cubiertos (*aditus, itinera*) de acceso a la orquesta y las habitaciones laterales de la escena (*versurae, basilicae, parascaenia*). El muro de la escena también presentaba un alzado posterior (*postscaenium*), más o menos articulado. Esta parte posterior del teatro podía ser resuelta de diferentes maneras, si bien, la más canónica, no infrecuente, pero tampoco indispensable, fue una suerte de cuadripórtico (*porticus post scaenam*).

Por otro lado, no parece existir un patrón estricto para la localización del edificio teatral en el contexto urbano. Como ya se ha indicado, parecen primar, en la elección del lugar, las posibilidades de la topografía original del terreno que, aunque no implican necesariamente el aprovechamiento directo de la pendiente desde el punto de vista estructural, sí aportan el buscado componente visual y escenográfico. En ocasiones el lugar elegido para levantar el teatro es un solar antes no ocupado, incluso periférico y un tanto residual, como el cerro de San Antonio en el caso de Itálica. En otros casos, se documenta la amortización de edificios previos para el nuevo proyecto, como ocurrió en Málaga, donde, bajo el teatro, quedan restos de antiguas viviendas y de unas termas.

A pesar de que faltan en ocasiones muchos datos sobre la trama urbana de los asentamientos, parece ser frecuente una posición un tanto periférica para los teatros, como en la citada Itálica, en *Acinipo* o Guadix, donde se asentaban sobre las laderas de las elevaciones sobre las que se extendían los núcleos urbanos; también, en la medida en la que estos respondían a un patrón de poblamiento en altura, propio de momentos prerromanos, con continuidad en la época romana posterior. Estas posiciones solían, además, aportarles notable contenido escenográfico, pudiendo ser claramente visibles desde el exterior de la ciudad, suponiendo todo un valor simbólico antes inédito. Mucho más centrales son los de *Corduba* y *Malaca*.

Por tanto, todos los teatros comparten unos elementos comunes, los que permitían no solo desarrollar con éxito los cometidos a los que estaban destinados, sino, más aún, servir de referente simbólico a la política cultural romana en todos los territorios bajo su control y administración. No obstante, las soluciones arquitectónicas adoptadas son muy diferentes, en buena medida, debido a la adecuación del nuevo proyecto constructivo a un trazado urbano ya existente o, cuando esos condicionantes previos no eran tan decisivos, a principios de rentabilidad de la inversión, ya fuera en materiales, logística, tecnología, etc. Aunque en muchos casos faltan muchas de las piezas del *puzzle* que formaban la antigua ciudad, también el lugar elegido para levantar un teatro pudo tener que ver con los ya citados circuitos procesionales y su contextualización en un conjunto cívico ceremonial, político y religioso, que hoy solo conocemos muy parcialmente. En cualquier caso, a pesar de que en época romana ya se contara con avanzados conocimientos técnicos, de la mano de nuevos materiales y nuevas técnicas, como las que facilitaba el empleo de los versátiles hormigones, no siempre se aprovecharon al máximo. Es el caso de la forma de construir los graderíos que, lejos de las teóricas estructuras totalmente exentas, en mayor medida fueron soluciones mixtas que aprovecharon inteligentemente las posibilidades de la topografía natural. A pesar de que ya se contaba con experiencia en la construcción exenta de estos edificios, a juzgar por los monumentales ejemplos de la ciudad de Roma ya citados, como los de Pompeyo o Marcelo, la realidad es que en muchos teatros provinciales y concretamente béticos, se prefirió seguir aprovechando las posibilidades de la topografía original. Sin duda era una opción rentable en inversión en tiempo y materiales. Muy probablemente, también era menos exigente en pericia constructiva, así como en la cantidad y calidad de los trabajadores involucrados en la obra. Por último, los lugares elegidos, pendientes naturales, jugaban a favor del resultado escenográfico deseado por toda ciudad romana. Excavado en buena medida en la roca es el de *Acinipo*; en *Baelo Claudia*, *Carteia*, *Gades* y *Acci* la parte baja aprovecha la ladera natural, que se recorta y a la que se añaden los sillares de los asientos, mientras que el resto se realiza en fábrica, una vez recortada y adaptada la pendiente. El caso de Itálica es aún más singular: se llevó a cabo una gran obra de desmonte de parte de la ladera del conocido como Cerro de San Antonio, para construir en ella un sistema artificial de muros concéntricos y radiales que sujetaron la cávea, de aspecto final macizo y ciego. Quizá se debió al buen conocimiento previo por parte de los arquitectos de la naturaleza de los terrenos de base, arcillas plásticas poco estables.

Muy bien se tenía que conocer el terreno y planificar adecuadamente la obra desde el proyecto para resolver algo tan complejo y decisivo en un teatro romano como era la evacuación de aguas. La existencia de canales de distribución aéreos, pero, sobre todo, subterráneos, es algo recurrente en todos los edificios, especialmente en el entorno de la orquesta, el punto más bajo del conjunto, donde suele existir una cloaca perimetral encargada de dar salida al agua excedente, en buena parte, de la lluvia. Su importancia se pone de manifiesto en el hecho de que cuando el sistema de evacuación de aguas dejó de ser eficiente, el espacio pronto quedó colmatado y anegado, provocando su abandono o cambio de uso, en el mejor de los casos. Gruesas capas de limos se han encontrado en las excavaciones cubriendo aquellos que fueron los espacios más singulares y privilegiados.

De lo que actualmente se conoce de los teatros romanos en el sur peninsular y, más concretamente, en la provincia romana de la Bética, nada apunta a que en este territorio respondieran a un fenómeno singular con respecto a otros. Tampoco las soluciones constructivas adoptadas permiten reconocer un fenómeno diferenciado en el conjunto de Hispania, al margen de la conexión más directa que sus excavadores establecen entre el teatro de *Corduba* y los coetáneos metropolitanos, en especial con el de Marcelo. Aquí no se han reconocido algunos originales nexos como los que parecen unir a los vecinos lusitanos de *Emerita Augusta* (Mérida), *Metellinum* (Medellín) y *Olisipo* (Lisboa), donde la propia similitud en la ejecución de elementos de la decoración arquitectónica hace pensar en talleres compartidos.

La maquinaria escénica

La superficie de la escena se encontraba ligeramente elevada con respecto al plano de la orquesta, lo que mejoraba la visibilidad de todo aquello que se realizara sobre ella. Desde el punto de vista estructural, esto además permitía la creación de una cámara subterránea cubierta por la tablazón de madera, el denominado *hyposcaenium*. En él, en la mayor parte de los teatros suficientemente bien conservados, se han podido documentar muy interesantes elementos relacionados con la tramoya escénica, como en los de *Acinipo*, Itálica, *Baelo Claudia* o *Malaca*.

De entre estos recursos, uno de los más interesantes y cuyo mecanismo más ha interesado a los investigadores ha sido el telón. Estos cortinajes, plegados, se encontraban alojados en un canal longitudinal en la parte anterior de esta cámara subterránea; por ese motivo, a diferencia de los teatros históricos, perpetuado en los actuales, se encontraba "abajo" durante las actuaciones y ceremonias, y se elevaba cuando terminaban. El sistema de accionamiento, con variantes según los diferentes teatros, aunque muy similar, consistía en unos profundos pozos situados a distancias regulares excavados en el plano del *hyposcaenium*; podían tener forma cuadrada o en "T" y estaban destinados a sistemas de postes y poleas que alzaban el telón y lo recogían cuando no era necesario. Hay que pensar que, aunque el edificio escénico solía superar los diez metros de altura, el telón solo se encargaría de cubrir el sector por el que discurrían actores y celebrantes y, por tanto, era relativamente bajo, pensado para esta escala. En algunos teatros, como los de *Acinipo* y *Baelo Claudia* se ha identificado, en uno de los extremos de este ambiente cubierto, una pequeña "cámara de maniobras", también en relación con eventuales engranajes de accionamiento del telón, cuando no, de otros recursos escénicos.

Buena parte de los bloques, pilares y muros que normalmente se documentan en el *hyposcaenium*, dispuestos en alineaciones paralelas y con ocasionales cajeados para vigas y apeos, suelen tener que ver con los apoyos para la estructura de cubierta, a la vez, entarimado de la escena. Hay que pensar que presentaría sistemas de compuertas practicables, pensadas tanto para favorecer el acceso de los técnicos a la tramoya, como para, eventualmente, permitir recursos efectistas tales como decorados móviles, apariciones fortuitas de personajes, requeridas en las "performances" de las celebraciones y ceremonias. En ocasiones, los materiales empleados en estos recursos bajo la escena, muy utilitarios y destinados siempre a quedar ocultos, eran reutilizados, procedentes de otras construcciones previas; pueden informarnos sobre reformas y renovaciones sufridas por el propio teatro o edificios cercanos. Es el caso de los pedestales gemelos dedicados a un importante personaje en Itálica y que, años después, ya en desuso, fueron retrabajados para servir de soportes a decorados móviles, a juzgar por las enormes cavidades destinadas a postes rotatorios.

13

RECORRIDO POR LOS TEATROS CONSERVADOS

Aunque de forma muy sucinta, por no ser el cometido de este cuaderno servir estrictamente de guía para la visita, puede resultar de cierto interés hacer un recorrido por las principales características de los teatros romanos conservados en territorio andaluz.

Figura 75. *Teatro romano de Acinipo.*

El teatro de ***Acinipo*** ha sido, durante décadas, el testimonio más notable de la antigua ciudad romana, en un contexto urbano poco conocido (fig. 75). Investigaciones puestas en marcha recientemente, a cargo de la Universidad de Málaga, podrán permitir conocer más de la trama y entender mejor la localización del edificio con respecto a otros elementos del viario, la circulación y las actividades ciudadanas dado que ahora, sin muchos más datos, se encuentra en una zona un tanto periférica de la meseta sobre la que se extiende el yacimiento. La monumentalidad del muro de la escena, en fábrica de grandes sillares, llamó la atención de viajeros y eruditos, como el Marqués de Valdeflores, que lo dibujó ya en el siglo XVIII (fig. 76). En los años ochenta fue objeto de una pionera intervención de consolidación y restauración encargada por la Dirección General de Bellas Artes del Ministerio de Cultura, con anterioridad

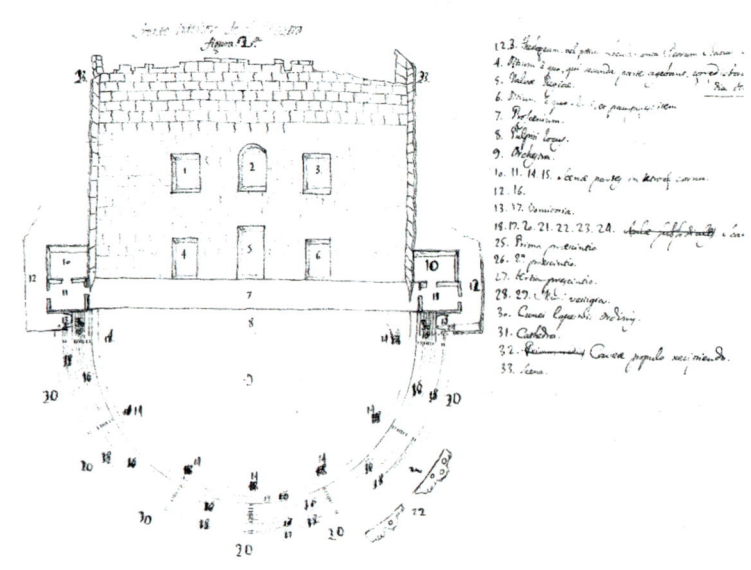

Figura 76. *Dibujo del Marqués de Valdeflores del teatro de Acinipo.*

a la transferencia de competencias a las Comunidades Autónomas. Supuso la colocación de un zuncho de hormigón para atar los muros y servir de coronamiento, tal y como puede observarse en la actualidad. Este imponente edificio escénico fue levantado con sillares almohadillados y habría quedado dividido, al frente, en dos órdenes arquitectónicos de los que hoy apenas quedan elementos. Como ya se ha comentado, al hilo de las dificultades para establecer su datación, se encuentra en buena medida tallado en la roca de base. Esto afecta al graderío, donde solo la parte más alta se habría apoyado en estructuras construidas, alojando además en su interior *vomitoria* radiales para el acceso al sector intermedio. En la parte baja de la cávea se conservan restos del parapeto de separación con la orquesta, que tendría un pavimento enlosado sencillo y una sola grada para la *proedria*. También los pasillos de acceso a este sector central se tallaron en la piedra caliza natural, aunque en los alzados se simuló fábrica de grandes sillares. Algunos de estos espacios, sin tocar desde hace varias décadas, han sido excavados en 2018 completando algunos de los datos hasta ahora disponibles, aunque, al parecer, no han permitido determinar con exactitud la fecha de construcción, ni identificar sucesivas reformas o transformaciones. Ya de antes se conocían bien las infraestructuras situadas bajo la escena, en el *hyposcaenium*, donde se identificaban con claridad los pozos para el telón y una pequeña sala practicable para el accionamiento de la maquinaria escénica.

En **Itálica**, el teatro romano sigue siendo un valioso testigo de una etapa de la ciudad poco conocida, en la medida en la que los esfuerzos, por mejor acceso a la evidencia material, se han centrado tradicionalmente en la ampliación adrianea, algo más de un siglo posterior. El edificio (fig. 77) fue construido en un área un tanto periférica de la ciudad en época republicana, la ladera oriental del conocido hoy como cerro de San Antonio. El graderío es poco complejo, aparentemente muy poco articulado, ya que se levantó sobre una parrilla

Figura 77. Teatro de Itálica.

artificial de estructuras que quedaron ocultas como cimentación; carece, por tanto, de substrucciones y galerías internas de distribución. No obstante, los últimos trabajos arqueológicos, hace ya algo más de una década, destinados a la adecuación del espacio para su empleo en una nueva iniciativa de actividades escénicas actuales, aportaron muy interesantes datos inéditos sobre la construcción de la cávea y las relaciones del edificio con su entorno urbano inmediato. Pareció confirmarse que el primer proyecto databa de época augustea (fig. 78); así lo planteaban tanto diferentes

Figura 78. Copia de altar con ménade del teatro romano de Itálica.

evidencias constructivas y estratigráficas, como las peculiaridades del texto de la inscripción monumental que discurría ante la escena, donde el emperador no era aún identificado como "*divus*". Pero también pudo documentarse que en ese primer momento la cávea era de diámetro algo menor y que en su perímetro, al exterior, presentaba un camino de distribución y acceso al teatro a través de pasillos radiales (*vomitoria*). A su vez, se localizó una imponente escalera de comunicación con la parte alta del cerro, de la que lamentablemente no se han podido obtener muchos más datos para este momento inicial, por encontrarse muy colmatada por el caserío tradicional de Santiponce. Lo más singular es que muy poco tiempo después, apenas dos décadas a juzgar por los materiales cerámicos recuperados en los niveles de construcción, el graderío fue ampliado al diámetro máximo que conocemos hoy y eso supuso reformas en los *aditus* y en la solución constructiva de unión al edificio escénico. Un cuadripórtico se instaló en la parte trasera, donde numerosos pedestales para esculturas permiten entender su valor como lugar de autorepresentación de notables de la comunidad local. En este patio, a fines del siglo I d.C. se instaló un imponente templo dedicado a la diosa Isis. De él pudieron identificarse algunos de los recursos rituales bien conocidos por referencias textuales, entre ellas los episodios narrados en el *Asno de Oro* de Apuleyo: una cripta subterránea abovedada con agua permanente, un pequeño altar para sacrificios, un estanque; también del edificio procede una valiosa colección de exvotos con plantas de pie dedicados a la diosa y otras divinidades asociadas como Bubastis. El edificio estuvo en funcionamiento hasta la primera mitad del siglo IV, no sin haber sufrido una importante reforma, al menos del frente escénico, en época severiana, en las primeras décadas del siglo anterior.

A la iniciativa de los Balbos, influyentes personajes en la Roma de en torno al cambio de era y de origen gaditano, se atribuye la construcción del teatro en **Gades**. Aunque, como ya se ha referido más arriba, pasajes en la correspondencia de Cicerón hacían pensar en la existencia en la ciudad de un edificio con esta función ya desde algunas décadas antes, en época republicana, los datos arqueológicos proporcionados por las últimas excavaciones y estudios parecen confirmar una datación augustea, al menos, para la construcción hoy visible bajo el barrio del Pópulo. La cávea, a la que corresponde la parte más visible, se encuentra apoyada en la ladera (fig.79), si bien destaca por la solución que incorpora: una galería anular de distribución a la que

Figura 79. *Teatro de Gades.*

sólo se tiene acceso, en ambas extremidades, desde los *aditus* o corredores laterales. A partir de ella se podría salir a diferentes puntos de la *media cavea*. En ningún caso, como sí ocurre en otras criptas –por ejemplo, en Mérida–, la galería permite la comunicación al exterior de la cávea a través de corredores radiales, ya que es totalmente ciega (fig. 80). Quizá haría falta conocer mejor el contexto urbanístico del teatro y con qué tipo de entornos abiertos o construidos entraba en comunicación, a fin de comprender esta solución, con limitada función estructural. El centro de interpretación alojado en edificios tradicionales planteó, además, la realización de cuatro sondeos estratigráficos de en torno a los dos metros de diámetro que permitieran "asomarse" a otros sectores del edificio destinados a permanecer cubiertos por el caserío popular, protegido también por su valor patrimonial. A través de ellos se obtuvieron datos sobre el pavimento de la orquesta, los escalones de la *proedria* y dos puntos diferentes del edificio escénico. Las excavaciones más recientes en extensión han permitido llegar hasta la orquesta, antes cubierta por completo, aportando interesantes datos

Figura 80. *Cripta anular bajo el graderío del teatro de Gades.*

sobre su configuración y el pasillo de separación con restos del parapeto marmóreo en mármol gris veteado de *Luni* (Carrara, Italia). También del teatro proceden unos fustes monolíticos, hoy en la exposición del Museo Arqueológico de Cádiz, realizados en una suerte de llamativo alabastro amarillento para el que se ha propuesto un origen local.

En la capital de la provincia, **Corduba**, se levantó el que los especialistas reconocen como el teatro de mayores dimensiones de la Bética, cosa que no es extraña teniendo en cuenta el rango y protagonismo administrativo de la ciudad (fig. 81). De hecho, el teatro se entiende dentro de las nuevas dotaciones de tiempos augusteos, momento de total renovación de la

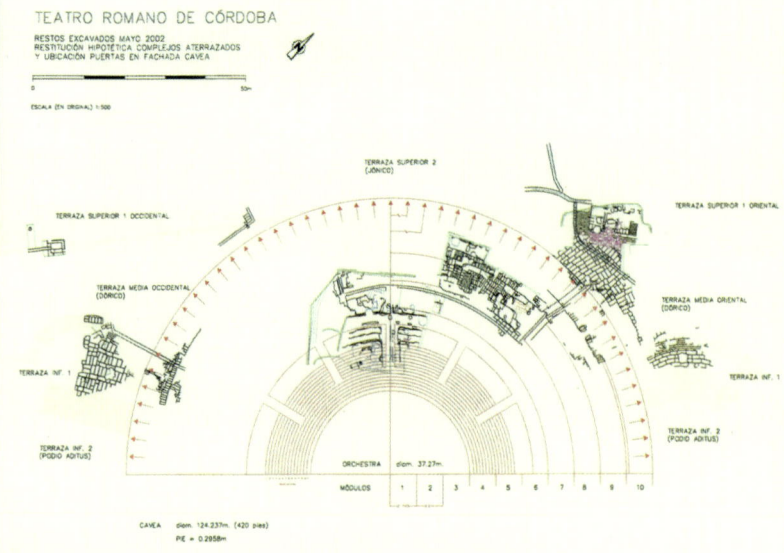

Figura 81. Teatro de Córdoba.

ciudad de época republicana previa. El edificio teatral parece ser también el más fiel a la nueva concepción de graderío exento experimentada con éxito en la península itálica. Se ha restituido una fachada exterior articulada en tres órdenes superpuestos que abrazaría a un graderío levantado sobre substrucciones. Esta compleja estructura interior alojaba galerías anulares y corredores radiales encargados de permitir la circulación y el acceso segregado del público a sus asientos. En cualquier caso, la adaptación parcial a la pendiente natural habría necesitado de un recorrido perimetral exterior ascendente que costeaba la fachada y que, en sectores intermedios pudo resolverse en forma de escalinatas; a una de ellas correspondería la que durante décadas quedó integrada en el palacio renacentista de los Páez de Castillejo, sede del Museo Arqueológico, como "sala de epigrafía". Solo ha podido ser excavada una pequeña parte del edificio, con motivo del proyecto de ampliación del museo ya que el resto permanece bajo construcciones históricas. Corresponde con parte de la *ima cavea*, en este caso recortada en el terreno natural y resuelta con grandes sillares en piedra con acabados marmóreos. Una de las cuestiones más singulares en torno a este majestuoso edificio es su temprana destrucción, quizá motivada por un terremoto, a fines del siglo III d.C. Tras ello no fue reparado ni reconstruido ni usado nuevamente como tal; al contrario, comenzó una larga fase de expolio y reutilización de materiales.

Sobre la ladera de una de las dos elevaciones protagonistas de la topografía antigua de **Malaca**, donde luego también se levantó la alcazaba islámica, se construyó el teatro (fig. 82). Parece posible que el área ya hubiera estado ocupada desde tiempos fenicio—

Figura 82. *Teatro de Malaca.*

púnicos y que incluso hubiera acogido un santuario de carácter empórico. Esto es además coherente con el antiguo paisaje, hoy muy transformado, que reconstruye una suerte de ensenada bordeando la actual posición del Palacio de la Aduana y la catedral. En cualquier caso, sí sabemos que para el nuevo proyecto fue necesario demoler y amortizar edificaciones previas, al parecer, unas termas de época republicana, quizá en ambiente doméstico. Una vez más la pendiente natural facilita el emplazamiento del graderío del que solamente la parte superior está construida con el auxilio de substrucciones. En la fachada curva exterior se abrían corredores radiales que desembocaban en el sector intermedio del graderío y que, a su vez, permitían, por medio de escaleras, ascender a la parte más alta. Las últimas excavaciones destinadas a la definitiva recuperación del edificio y su puesta en valor han posibilitado confirmar la datación augustea para su construcción. No obstante, diferentes elementos, tanto epigráficos –los restos de una inscripción monumental ante la orquesta, al modo de la de Itálica– como arquitectónicos, parecen también informar de sucesivas remodelaciones y añadidos con un hito, al menos, en época flavia, es decir, a fines del siglo I. El edificio escénico presenta un frente quebrado en el que se alternan nichos rectangulares y exedras, como la semicircular que aloja la puerta regia, central. Los acabados de la orquesta se han recuperado en relativo buen estado, poniendo de relieve el uso en su pavimento de calizas polícromas y muy vistosas, pero de origen local, para su pavimento que, no obstante, podría no ser el primero original. También se documenta el empleo en los órdenes arquitectónicos del mármol blanco del vecino distrito de Mijas. No deja de ser singular el hecho de que, a pesar de tratarse de un puerto bien conectado con el Mediterráneo, no se recurriera a otros materiales exóticos tan del gusto de la época y que llegaron en abundancia a otras ciudades béticas.

Aunque ya son muchos los datos que permiten afirmar que **Baelo Claudia** adquirió su primera forma urbana en torno al cambio de era, las investigaciones más recientes llevadas a cabo en el teatro, frente a lo previsto, sitúan su construcción no antes de mediados de esta primera centuria (fig. 83). Esto parece armonizar con una importante fase contemporánea de renovación urbana, generalizada en buena parte de la ciudad. Pero aún de mayor interés ha sido, combinando la información procedente del análisis de las estructuras emergentes y de los sondeos estratigráficos en los rellenos constructivos, detectar una reconstrucción temprana,

Figura 83. *Teatro de Baelo Claudia.*

apenas dos o tres décadas más tarde del primer proyecto, ya en época flavia. La forma en la que estas reparaciones se llevaron a cabo, recreciendo los muros a partir de las adarajas irregulares, tanto en el edificio escénico como en diferentes sectores del graderío, ha hecho pensar en los efectos de un episodio sísmico de los que, al parecer, pudo haber sufrido la ciudad en la antigüedad. El edificio se levantó en un sector un tanto periférico con respecto al centro monumental de la ciudad, en las proximidades de una de las puertas de la muralla, en un solar, aparentemente, no ocupado con anterioridad. No obstante, en su diseño se adaptó a la trama ortogonal preexistente. Ante la fachada externa del edificio escénico, el *postscaenium*, discurría una vía principal con orientación este—oeste que, con ocasión de ceremonias y celebraciones pudo asumir, muy posiblemente, una función procesional de comunicación con el foro y los templos allí levantados. Para instalar el graderío se aprovecharon las posibilidades topográficas de la pendiente, empleando la base natural en el sector inferior y levantado con substrucciones el resto: un complejo sistema de galerías anulares y corredores radiales de apeo y distribución (fig. 84). El acceso se llevaba a cabo desde la fachada externa perimetral cuyas nueve puertas quedaron destacadas incluso, la central, con órdenes de pilastras talladas en los sillares de la fábrica. Según los casos, servían de ingreso directo a

Figura 84. *Vista de las galerías anulares internas que sustentan la cávea del teatro de Baelo Claudia.*

la *media cavea* a través de *vomitoria* radiales o a cajas de escaleras que permitían subir a los asientos de la *summa cavea*. El edificio escénico del teatro de *Baelo* ha sido también identificado como uno de las más articulados de la Bética, en la medida en la que, aunque en la parte anterior se abrían las tres puertas canónicas, en la fachada posterior contaba con hasta siete vanos, configurando una suerte de porticado abierto a la calle. El interior de la construcción, que pudo alcanzar en torno a los 15 m de altura, alojaba pequeños ambientes con escaleras de acceso a niveles superiores. También aquí el *hyposcaenium* conserva los pozos, muy profundos, para el mecanismo del telón, y una cámara de maquinaria para la tramoya, algo recurrente en la mayor parte de los teatros conocidos donde se documenta este sector. De la decoración de la *frons pulpiti*, el frente decorado que salvaba el desnivel entre la orquesta y la escena, se recuperaron en las antiguas excavaciones de los años setenta y ochenta dos esculturas—surtidor en forma de silenos, de factura muy tosca, hoy conservadas en el Museo de Cádiz.

El último en sumarse al elenco de teatros es el de **Guadix**, la antigua *Acci* (fig. 85). Como ya se ha indicado, sus restos fueron identificados por primera vez en 2007, con motivo de remociones de tierras en un solar

Figura 85. *Teatro de Guadix.*

urbano. Su construcción se sitúa en la primera mitad del siglo I d.C., momento en el que se reconocen otras muchas mejoras en esta ciudad con un contundente pasado prerromano. Para su instalación se eligió una de las laderas de la elevación sobre la que se desarrollaba el núcleo, si bien adaptada en forma de plataformas a diferentes niveles: el pórtico trasero quedó más bajo que el resto y fue, por ello, uno de los sectores mejor conservado al quedar el primero colmatado por los niveles de abandono. Las galerías laterales del cuadripórtico, debido al desnivel, se resolvieron a modo de criptopórticos –ambientes subterráneos— sobre los que se levantaron las galerías. Aunque en la actualidad es bastante lo que se ha podido excavar y conocer, los datos más abundantes proceden del sector de la orquesta—escena. El *hyposcaenium*, que en el momento de la excavación se encontraba colmatado con numerosos elementos arquitectónicos caídos del edificio escénico y su entorno, presentaba muy interesantes evidencias de las estructuras subterráneas relacionadas con la sujeción de la tablazón de la escena, así como de los mecanismos de telón y tramoya. En muy buen estado de conservación se ha recuperado la base de sillares del plano de la orquesta, que fue desprovista del pavimento marmóreo en la primera mitad del siglo III. La mayor parte de los materiales de construcción proceden de canteras del entorno, que habrían funcionado de forma simultánea para abastecer a la obra, así como a otras iniciativas constructivas de la ciudad en este momento tan activo.

Lamentablemente, es poco lo que se sabe de los teatros de **Carteia** y **Urso**. En ambos casos han sido objeto, en los últimos años, de ensayos de restitución en planta, a partir de prospecciones geofísicas realizadas por el Instituto Andaluz de Geofísica de la Universidad de Granada. Las propuestas publicadas, sin ser imposibles, se mantienen en un grado de verosimilitud que aún es difícil poder probar y contrastar. No obstante, son útiles hipótesis de trabajo para, a partir de ellas, plantear deseables intervenciones arqueológicas futuras.

El de *Carteia* (fig. 86) ya despertó la curiosidad de viajeros con intereses en el Estrecho, a jugar por los

Figura 86. *Teatro de Carteia.*

grabados de F. Carter de avanzado el siglo XVIII, que reflejaron restos de fábricas de *opus caementicium*, evidencias de las cimentaciones de la parte alta de la cávea, lo más notable que se conserva de él aún hoy día. En la parte baja de la ladera también afloran algunas estructuras del edificio escénico, que fue objeto de algunos sondeos en los años ochenta. Son aún pocos datos para poner en pie las líneas maestras de la estructura y, menos aún, su contexto urbano, prácticamente desconocido en este sector del yacimiento, fuera del circuito de visita. Todo lleva a pensar que el foro de época imperial habría estado situado en un punto aún impreciso entre los restos excavados de época republicana –casas, un templo— y el propio teatro.

El de Osuna (fig. 87), se encuentra en un solar a las afueras de la localidad actual, en coherencia con la localización de la antigua *Urso*, no estrictamente

Figura 87. *Teatro de Urso.*

subyacente a la histórica posterior. Tampoco aquí, a pesar de los notables restos materiales recuperados en circunstancias variopintas –leyes municipales en bronce, colecciones escultóricas— se cuenta con información para entender la posición del teatro con respecto a otros ámbitos de la ciudad. En este caso los restos conservados y visibles se limitan casi exclusivamente a parte del graderío excavado en la roca, muy maltrecho al haber sido empleado como cantera de piedra; el perfil escalonado original facilitó, sin duda, mucho la tarea.

Casi menos aún es lo que actualmente se sabe del teatro de **Singilia Barba**, quizá en un futuro inmediato objeto de nuevas investigaciones, muy necesarias. Lo hoy visible en el yacimiento no hace en absoluto justicia a la información proporcionada por la epigrafía sobre la entidad de la urbe y la relevancia de algunos de sus habitantes más notables. Del área del foro procede una imponente colección de pedestales de estatua, hoy expuesta en el Museo de Antequera, que recuerdan a diferentes miembros de las élites locales, entre ellos, la influyente *Acilia Plecusa*, liberta que vivió en la ciudad en la segunda mitad del siglo II d.C. Del teatro solo se aprecian, por el momento, los límites extremos de un graderío (fig. 88), muy probablemente, construido ayudándose de la pendiente de la loma. Las fábricas que se reconocen son, mayoritariamente, en *opus caementicium*.

Figura 88. *Restos del teatro de Singilia Barba.*

14

EL OCASO DE LOS TEATROS BÉTICOS

Un teatro romano no era fácil de mantener. Es un gran espacio, en su mayor parte a la intemperie. Su mitad es una cuenca escalonada que incluso, en ocasiones, se adapta total o parcialmente a una pendiente natural del terreno, lo que puede convertirla en una vía de escorrentía desde los terrenos más elevados a los más deprimidos. Por eso, en su proyecto y ejecución se ha reconocido un cuidado sistema de canalizaciones aéreas y subterráneas que permitían la recogida y evacuación del agua de lluvia. El mantenimiento y limpieza continuados de estas infraestructuras garantizaron el buen funcionamiento de los teatros durante siglos. En el teatro de *Acci*, por ejemplo, se identifican importantes remodelaciones del sistema de evacuación de aguas bajo uno de los pasillos laterales y el pórtico trasero, ante la violencia de los aluviones de un arroyo próximo. Ya no existieron alternativas en los edificios cuando la falta de interés, la inexistencia de poderes públicos, o la incapacidad técnica y logística supusieron el cese de los cuidados. Capas de fango y barros comenzaron a colmatar las zonas más bajas que, a su vez, eran las de mayor dignidad y las más vinculadas con la buena marcha de las actividades y las ceremonias: la orquesta y el sector inferior de la cávea. Los materiales, de calidad, comenzaron a ser expoliados para ser empleados en construcciones próximas e, incluso, sus espacios fueron ocupados por talleres, tiendas, viviendas, necrópolis. No parece poder identificarse, por tanto, un abandono simultáneo de los teatros –ni aquí ni en otras zonas del Imperio– que permita plantear un cese programado de las actividades que les daban sentido. Más bien al contrario, todo parece indicar que los edificios teatrales habrían progresivamente perdido buena parte de las funciones que motivaron su construcción en plena época imperial y habrían asumido una singular polivalencia tampoco homogénea, adaptada a las necesidades de cada comunidad. Los textos conservados de la época que, no obstante, en buena medida se deben a autores cristianos, como Quintiliano, escandalizados con las prácticas paganas, aluden a "performances" cruentas y de contenido obsceno en los teatros, prácticas que, quizá, tampoco pueden considerarse generalizadas. En *Hispania*, aunque fuera de Andalucía, consta el singular ejemplo del teatro de *Clunia* (Coruña del Conde, Burgos), donde, en el siglo III, la orquesta fue transformada para llevar a cabo espectáculos con animales. En este tipo de usos alternativos, quizá más frecuentes de lo que los restos hoy nos permiten reconocer, puede dejarse entrever el limitado y algo artificial arraigo cultural de las prácticas teatrales, especialmente en algunas regiones.

Aunque, de forma general, puede decirse que los teatros dejaron de ser lugar de celebraciones y actividades a lo largo de los siglos III y IV, ya con anterioridad a su abandono y colmatación es posible observar una cierta relajación en el uso. En el teatro de Itálica se documentaron, sobre las losas de la *proedria*, el lugar destinado y restringido a los notables en la orquesta, tablas de juego grabadas sobre el mármol (fig.89), así como burdas inscripciones y dibujos, una suerte de "graffiti", antes de que quedaran cubiertas por los limos.

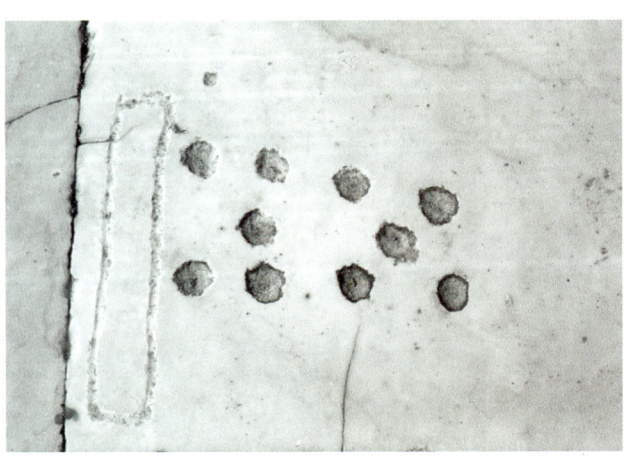

Figura 89. *Tabula lusoria realizada sobre las losas de la proedria del teatro de Itálica.*

Lamentablemente, excavaciones ya con una cierta antigüedad, preocupadas casi en exclusiva por la liberación de las estructuras del edificio, pasaron por alto las evidencias de su transformación, eventual adaptación a nuevos usos y la forma en que fue arruinado y expoliado. Buena parte de los teatros fueron verdaderas canteras de materiales. En el teatro de Córdoba, por ejemplo, se hallaron los restos de un taller de reutilización de mármoles y fabricación de teselas a partir de material de reempleo. También en Itálica se instaló, en un ambiente lateral del edificio escénico un taller para el trabajo del hueso.

Ocasionalmente, algún teatro bético parece haber sido abandonado en momentos más antiguos. Es el caso del de *Corduba*, tras cuya destrucción algo temprana para la ciudad, a fines del siglo III, ha querido verse los graves efectos de fenómenos traumáticos de alta energía que habrían impedido ser reparado y reabierto. Frente a ello, en el teatro de *Baelo Claudia*, las investigaciones recientes a cargo de un grupo de arquitectos y arqueólogos, parecen haber reconocido los graves efectos estructurales de otro terremoto en torno al año 60 d.C., que entonces sí fueron reparados y permitieron una mucho más larga vida al edificio.

Mucha atención a esas transformaciones se ha prestado en las recientes excavaciones del teatro de Guadix, también de abandono algo temprano. Ya en la primera mitad del siglo III se documenta el expolio generalizado de sus materiales, fundamentalmente de los mármoles, que terminaron siendo transformados en caleras instaladas en el entorno. A partir de mediados de esa centuria se produce la colmatación del pórtico trasero con nuevas construcciones, donde se identifican materiales reutilizados. Se instala un molino de harina con una rueda accionada por fuerza hidráulica, reaprovechando el canal que ya se había construido previamente para el teatro. Las galerías laterales son acondicionadas para su uso como viviendas. También el antiguo espacio central ajardinado es ocupado por habitaciones. Todo parece indicar que un barrio entre los siglos III y IV ocupó los terrenos valiéndose, en la medida de lo posible, de las potentes fábricas del antiguo edificio. Una vez abandonadas las casas, el expolio de materiales continuó durante siglos, también en la etapa andalusí. El área se convirtió finalmente en un sector periférico de huertas y la memoria del teatro se perdió definitivamente.

El hecho de que algunos teatros estuvieran emplazados en lugares elevados y preminentes, unido a la masividad de sus fábricas, hizo que, mucho tiempo después de su abandono fueran aprovechados para instalar allí torres y puntos de avistamiento. Es el caso de *Baelo Claudia*, donde todavía son evidentes los restos de la fábrica en el sector occidental de la cávea, y en el frente escénico del de *Acinipo*, lo que favoreció en cierta medida la conservación de la imponente fábrica de sillares.

PARTE III

15

INVESTIGAR SOBRE EL TEATRO EN EL SIGLO XXI

En ocasiones, uno de los problemas ha sido la premura por acondicionar los edificios para su uso como escenarios actuales, antes de que el conocimiento sobre su estructura y evolución fuera suficiente. En algunos casos, incluso, las excavaciones arqueológicas estuvieron paradójicamente motivadas por un proyecto de restauración y acondicionamiento y, por tanto, solo insistieron en incógnitas a resolver para estos objetivos, puramente arquitectónicos, pero ni históricos ni culturales. Son muchos los datos, por ejemplo, que es posible extraer sobre el desarrollo de una obra de la envergadura de un teatro romano, a partir de técnicas de análisis de lo que actualmente se denomina "arqueología de la construcción".

Así, por ejemplo, aproximaciones arqueométricas –con el auxilio de la geología, la física o la química— permiten hoy identificar el origen de los materiales. Ello lleva a evaluar la determinación del proyecto o la capacidad de la inversión, sobre todo, cuando se recurre a materiales exóticos o, al menos, no fácilmente accesibles, obviando otros más al alcance. Uno de los más llamativos, aunque no solo, sería el mármol, prestigioso material especialmente por su costoso transporte que, a ser posible, trataba de hacerse por mar. Los teatros suelen ser edificios donde el mármol adquiere un enorme protagonismo, tanto para esculturas como para acabados en forma de losas, aplacados y, sobre todo, el imponente juego de columnas del frente escénico. Aquí se juega tanto con sus tamaños como con sus tipos y su color para lograr el mayor efectismo visual. No obstante, hoy también interesa entender los tiempos de la obra, los lugares de acopio, el estado de ejecución en el que llegaban los materiales, la pericia de los trabajadores o su grado de especialización; la incorporación de alardes técnicos y de dónde habrían podido tomar los modelos y referentes, y quien los decidía.

La confluencia de muchas de estas técnicas, de acuerdo con investigaciones multi e interdisciplinares permite hoy también insistir más en la reconstrucción de la vida del edificio, en la medida en la que habla de una sociedad cambiante que lo transforma por diferentes razones a lo largo de varios siglos: modas, deterioro, matices en el uso, caprichos políticos, etc.

Lo que hoy sabemos y entendemos de los teatros béticos está determinado en buena medida por su realidad patrimonial: el estado de conservación y presentación al público, las intervenciones de mantenimiento, los proyectos de restauración y reconstrucción de mayor o menos alcance e, incluso, las facilidades para la accesibilidad a los datos para su estudio. Por todo ello el panorama que ahora ofrecen es muy desigual. Excavados en extensión y recuperados en la práctica totalidad de su planta se encuentran los de Itálica, Málaga, *Acinipo*, *Baelo Claudia* y Guadix. Eso no quiere decir, en cualquier caso, que el rendimiento científico de las excavaciones realizadas fuera máximo, ya que algunas de ellas datan de hace bastantes décadas, cuando los objetivos eran más la liberación del edificio que la documentación exhaustiva de los procesos de construcción, uso y abandono, tan valiosos para la caracterización histórica y cultural del fenómeno teatral romano. Por otro lado, tampoco el procesado de la información arqueológica obtenida a lo largo de estos diferentes proyectos de excavación se encuentra ya agotado. En *Urso*, *Singilia Barba* o *Carteia* es muy poco lo que se sabe de la configuración del edificio y, menos aún, de su evolución constructiva a lo largo del tiempo. De casi todos falta una mejor contextualización en el entorno urbano antiguo en el que se levantaban, de tanta relevancia, como ya se ha señalado, para comprenderlos en toda su complejidad ritual y político—religiosa. Sería del máximo interés poder acceder a más datos sobre sus eventuales conexiones con otros ámbitos de representación, como templos o foros, aunque eso es complicado en los entornos construidos modernos. En cualquier caso, sí convendría llamar la atención de la ciudadanía, cuando ahora los visitan y contemplan, sobre su carácter de pieza netamente urbana, inserta en un trazado tupido y continuo. A diferencia de los "monumentos" aislados y cerrados que muchos de ellos hoy parecen, incluso plenamente exhumados y valorizados como los de Itálica o Málaga, su comunicación a través de bien planificados recursos de circulación y tránsito permite igualmente explicar buena parte de las soluciones estructurales que se tomaron a la hora de diseñar el graderío, los pasillos de acceso a la orquesta o la disposición del espacio trasero, con o sin pórtico. También, ayudaría a entenderlos mejor en su significado antiguo, formando parte de rituales y ceremonias cívicas que los distancia, así, de las manifestaciones escénicas más tradicionales y que, como ya se ha visto, les eran menos propias.

En ocasiones los impulsos de las investigaciones en espacios patrimoniales como los teatros vienen de la mano de efemérides que permiten, al menos, contar con cierto apoyo logístico y económico. Como contrapartida, el estar asociados a celebraciones muy concretas, en caso de no culminase a tiempo, el interés puede diluirse y quedar inconclusos *sine die*. Es el caso, por ejemplo, de las intervenciones en extensión que se llevaron a cabo en el teatro de Itálica en el marco de la puesta en valor de una serie de monumentos en el entorno de la Expo 92. Permitieron, sin duda, la realización de valiosas excavaciones a fines de los años ochenta y de la puesta en marcha de un ambicioso proyecto de restauración, pero no culminaron las infraestructuras necesarias para su presentación y visita por el público. Hubo que esperar casi treinta años más para una nueva inversión de calado, de nuevo asociada al acondicionamiento del edificio para la realización de espectáculos artísticos y escénicos. Ahora el teatro solo se abre al público en ocasiones muy excepcionales y su contemplación desde la terraza superior es solo posible de forma un tanto irregular. A su vez, en Cádiz, con las celebraciones del bicentenario de "la Pepa", la Constitución de 1812, en mente, se puso en marcha un proyecto integral de actuación en el teatro que incluía nuevas excavaciones y la creación de un centro de recepción de visitantes. La crisis económica de 2009–2010 limitó en mucho aquellas primeras expectativas, no pudiendo acometerse el proyecto en todo su alcance. No obstante, años después, al menos, el edificio es visitable a través de un útil y atractivo centro de interpretación.

16

USO Y VALOR PATRIMONIAL DE LOS ESPACIOS TEATRALES EN ANDALUCÍA

Si ya se ha aludido al estado de conservación y consiguiente conocimiento de las estructuras, puede ser útil referirse ahora a su protección y gestión. Desde el punto de vista de la tutela, todos son Bienes de Interés Cultural o forman parte de ellos y, por tanto, se encuentran inscritos en el Catálogo General del Patrimonio Histórico Andaluz.

De los diez teatros romanos localizados en territorio andaluz, siete son gestionados, de forma directa, por la administración autonómica. Para poder comprender mejor lo que esto significa, cabría aludir brevemente a la estructura de los espacios patrimoniales de Andalucía, la que fue definida en la Ley de Patrimonio Histórico Andaluz de 2007 como *Red de Espacios Culturales de Andalucía* (RECA). Este proyecto no pudo ser culminado en toda su complejidad inicial por diferentes vicisitudes, entre ellas, la crisis económica global de fines de los dos mil. No obstante, en la actualidad se mantienen las dos modalidades básicas de gestión, de acuerdo con una estructura jerarquizada. En la cúspide se encuentran los Conjuntos Arqueológicos; en un segundo escalón los Enclaves Culturales.

De esta forma, dos teatros, los de Itálica y *Baelo Claudia* se encuentran integrados en Conjuntos Arqueológicos más amplios y complejos, que corresponden, a grandes rasgos, con las ciudades romanas en las que fueron construidos. No obstante, en el caso de Itálica el teatro no forma parte del recorrido de visita convencional, en la medida en la que se encuentra en un solar independiente, inserto en la trama urbana del actual pueblo de Santiponce. Una solución similar es la que ofrecen los de *Gades* y *Malaca*, excavados parcialmente en las ciudades modernas que los cubrieron, si bien, en este caso, se trata de

Enclaves de la Junta de Andalucía. También Enclaves son *Acinipo* y *Carteia* desde el punto de vista de su gestión, a pesar de que, de nuevo, los teatros son solo uno de los elementos de yacimientos más articulados y complejos, con más evidencias de la realidad urbana antigua. Más singular resulta el teatro de *Corduba*, cuyos restos visibles, bastante limitados, se encuentran integrados, en forma de una cripta visitable, en el Museo Arqueológico provincial, institución de propiedad estatal y gestión autonómica. En suelo de propiedad municipal se encuentran los de Guadix y Osuna.

Como ya se ha indicado, una compleja obra de ingeniería fue la que se puso en marcha en Cádiz, a fin de poder excavar sectores aún desconocidos del teatro cubiertos por los edificios del popular barrio del Pópulo. Buscaba conciliar el conocimiento del edificio sin sacrificar el paisaje urbano y el tejido social actuales. Lamentablemente, no se ha llevado a término pero sí se cuenta con un atractivo centro de interpretación *in situ* que sirve a la comprensión del conjunto y a su evolución en el tiempo. Integra, además, tres sondeos cilíndricos que penetraron varios metros en el terreno hasta las estructuras del teatro, siendo hoy una suerte de originales ventanas al pasado.

Los teatros antiguos son, sin duda alguna, lugares muy atractivos para su recuperación como espacios escénicos actuales. Suelen estar en contextos paisajísticos inmejorables, como *Baelo Claudia*, o servir para ganar un nuevo escenario a la ciudad –como en Málaga–, cuando no, para atraer público a un entorno periférico menos frecuentado, como en Santiponce/Itálica, y ampliar así la oferta de un centro saturado como el de Sevilla. Algunos de ellos llevan ya décadas insertos en ciclos de teatro clásico *amateur*, como la iniciativa con centros escolares que supone el Festival de Teatro Grecolatino, que se inició en torno al de Segobriga (fig.90) pero hoy se encuentra plenamente

Teatro	Tutela	Gestión
Acci – Guadix	BIC Zona Arqueológica BOJA nº 13 del 21 de enero de 2016, página 48	Ayuntamiento de Guadix
Acinipo – t.m. Ronda	BIC Zona Arqueológica BOJA nº 37 del 22 de febrero de 2011, página 87	Enclave Ciudad romana de Acinipo, Junta de Andalucía
Baelo Claudia – t.m. Tarifa	BIC Zona Arqueológica BOJA nº 3 del 14 de enero de 1992, página 149	Conjunto Arqueológico de Baelo Claudia, Junta de Andalucía
Carteia – t.m. San Roque	BIC Conjunto Histórico BOE del 30 de septiembre de 1968	Enclave Arqueológico Carteia, Junta de Andalucía
Corduba – Córdoba	BIC Conjunto Histórico BOE nº 111 del 9 de mayo de 2003, página 17.966	Junta de Andalucía (Museo Arqueológico de Córdoba)
Gades – Cádiz	BIC Conjunto Histórico BOE del 25 de noviembre de 1978	Enclave Arqueológico Teatro de Gades, Junta de Andalucía
Italica – Santiponce	BIC Zona Arqueológica BOE del 12 de marzo de 2001	Conjunto Arqueológico de Itálica, Junta de Andalucía
Malaca – Málaga	BIC Monumento BOE del 11 de abril de 1972	Enclave Arqueológico Teatro de Gades
Singilia Barba – t.m. Antequera	BIC Zona Arqueológica BOE del 17 de julio de 1996	
Urso — Osuna	BIC Zona Arqueológica BOE del 12 de marzo de 2001	Ayuntamiento de Osuna

Tabla resumen de la protección y gestión que corresponde a los teatros romanos en suelo andaluz.

consolidado en tierras andaluzas. Anualmente, en primavera, se representa a los "clásicos" en los teatros de *Baelo Claudia* e *Italica*, con asistencia de estudiantes de ESO y Bachillerato de toda la Comunidad Autónoma, en el marco estatal de festivales juveniles de teatro grecolatino promovidos por la Asociación Prósopon (https://prosopon.es/). Entre 2012 y 2019 se consolidó el *Festival Teatros Romanos de Andalucía*, promovido desde la Agencia Andaluza de Instituciones Culturales, empleando como escenarios para un repertorio también clásico, los espacios de *Baelo Claudia*, *Italica* y Málaga; los únicos que a día de hoy cumplen con los requisitos

Figura 90. *Teatro de Segobriga.*

e infraestructuras suficientes para la acogida de público en condiciones de seguridad. De nuevo *Baelo Claudia* e *Italica* se incluyeron también en el *Festival de Artes Escénicas de Andalucía Anfitrión*, en cierta forma, heredero del anterior, para dinamizar la oferta cultural estival en enclaves patrimoniales de interés. En este caso, cuyo último programa es del año 2022, del circuito formaban también parte otros espacios como la fortaleza de la Mota en Alcalá la Real, la Plaza del Sexi en Almuñecar y el castillo de Sohail en Fuengirola, y las propuestas respondían a creación artística contemporánea. También algunos de los teatros han contado con programas propios de actividades, como es el caso del muy conocido *Festival de Danza de Itálica*, promovido por la Diputación de Sevilla y que comenzó ya a inicios de la década de los ochenta del siglo XX, entonces en el anfiteatro, y ha tenido una andadura singular y un tanto irregular. Paradójicamente, el teatro de Itálica que, como se advierte, es de los más usados como espacio escénico moderno no se encuentra abierto a la visita pública con regularidad. Los de *Baelo* y Málaga, por su estado de preservación, accesibilidad y acondicionamiento, por tanto, también se emplean con frecuencia para propuestas artísticas de diferente naturaleza.

17

INFORMACIÓN ÚTIL

De lo expuesto hasta ahora se obtiene que la situación en la que actualmente se encuentran las estructuras teatrales en la comunidad andaluza es bastante diferencial. Aunque algunos no son visitables y, de hecho, sus restos resultan hoy poco evidentes y comprensibles, como los de Osuna o Singilia Barba, otros son muy interesantes ejemplos de su propia tipología pero, también, de apuestas firmes de valorización patrimonial.

Abiertos al público:

Baelo Claudia (no accesible por transporte público).

Conjunto Arqueológico de Bael Claudia. Ensenada e Bolonia s/n, 11380 Tarifa, Cádiz. https://www.museosdeandalucia.es/web/conjuntoarqueologicobaeloclaudia

Acinipo (no accesible por transporte público)

Enclave Arqueológico de Acinipo. Partido rural de Peñacerrada, Carretera MA–486, km 11,8 Ronda, Málaga. El calendario de visitas se publica en sus RRSS: https://www.facebook.com/acinipoenclavearqueologico/

Málaga

Enclave Arqueológico Teatro romano de Málaga. Calle Alcazabilla s/n, 29015 Málaga. https://www.juntadeandalucia.es/cultura/enclaves/enclave–arqueologico–teatro–romano–de–malaga

Cádiz

Enclave Arqueológico Teatro romano de Cádiz. Barrio del Pópulo. Calle Mesón, 11–13, 1105 Cádiz. https://www.juntadeandalucia.es/cultura/enclaves/enclave–arqueologico–teatro–romano–de–cadiz

Córdoba (en el interior del Museo Arqueológico)

Museo Arqueológico de Córdoba. Plaza de Jerónimo Páez, 7, 14003 Córdoba, https://www.museosdeandalucia.es/web/museoarqueologicodecordoba

Guadix (de gestión municipal)

Teatro romano de Acci/Guadix. Avenida Mariana Pineda s/n, 18500 Guadix, Granada. https://teatroromanodeguadix.com/

No se encuentran actualmente en el circuito de visita dentro de sus contextos patrimoniales, abiertos:

Itálica (visible desde una terraza—mirador)

Conjunto Arqueológico de Itálica. Avenida de Extremadura s/n, 41970 Santiponce, Sevilla. https://www.museosdeandalucia. es/web/conjuntoarqueologicodeitalica

Carteia (no incluido en el circuito actual de visita)

Enclave Arqueológico de Carteia. Avenida del Puerto s/n, Guadarranque, 11369 San Roque, Cádiz. https:// www.juntadeandalucia.es/cultura/enclaves/enclave— arqueologico—carteia

Además, como ya se ha indicado, en algunos de estos espacios -fundamentalmente en *Baelo Claudia*, Itálica y Málaga— se realizan periódicamente eventos escénicos y/o artísticos, en el marco de la oferta cultural de los espacios patrimoniales donde se enclavan o en festivales con un programa más amplio. Las propuestas son diversas y se renuevan, por lo que hemos creído más conveniente no incluir aquí información que pueda quedar desactualizada.

GLOSARIO

Se incluye la denominación latina, términos equivalentes, así como algunos de origen griego, o bien porque han pasado a designar elementos del teatro romano, o bien porque ayudan a clarificar y distinguir mejor los de éste.

ADITUS MAXIMUS (m., pl. *aditus*) (= *confornicatio* / *parodos* / *iter*): entrada principal, normalmente desde el exterior del edificio o desde los cuerpos laterales del edificio escénico, directamente a la orquesta. Permitía acceder a las gradas singulares situadas en el perímetro de esta: la *proedria* y, en algunos casos, también a los *tribunalia* superiores. En planta, se situaba coincidiendo con el diámetro de base del graderío.

AMBULACRUM (n., pl. *ambulacra*): conjunto de pasillos abovedados que sostenían la cávea y que al exterior se podía organizar en forma de un pórtico perimetral de acceso al edificio.

AUDITORIUM: véase *cavea*.

AULA (f., pl. *aulae*)(= *basilica*): espacio situado en los laterales del cuerpo escénico junto a otros ambientes como los *parascaenia*. Podía poner en comunicación el pasillo de acceso a la orquesta (*aditus*) y el pórtico trasero, en caso de existir.

AULAEUM (n., pl. *aulaea*): telón que cubría la escena. Plegado se encontraba alojado en la infraestructura bajo la tablazón de la escena, por lo que se bajaba al comienzo y se subía al finalizar las representaciones, con un movimiento inverso al actual. Se hacía funcionar mediante un sistema de postes articulados, pozos y contrapesos alojados en un sector del *hyposcaenium*. Elevado, no cubría la totalidad del alzado del frente escénico, sino tan solo la altura ocupada por las actividades que funcionaba como escenario propiamente dicho. Pudo estar decorado con escenas y motivos.

BALTEUS (m., pl. *baltei*): muro o parapeto que delimitaba los pasillos que, a su vez, dividían los sectores horizontales del graderío. Especialmente estuvo siempre presente separando la orquesta de la cávea, donde era de piedra y pudo servir de respaldo a los sitiales singulares de la *proedria*.

BASILICA (f., pl. *basilicae*): véase *aula*.

CAVEA (f., pl. *caveae*) (= *auditorium*): parte semicircular del teatro dispuesta en gradas donde se sentaba el público para contemplar las representaciones y ceremonias. Se dividía en tres áreas horizontales según su proximidad a la orquesta: *ima* (inferior), *media* y *summa cavea* (superior), destinadas a diferentes categorías y grupos sociales de acuerdo con una jerarquía establecida por ley. Radialmente se organizaba en sectores llamados *cunei* separados entre sí por medio de escaleras.

COLUMNATIO: Conjunto de columnas dispuestas en dos o tres órdenes que formaban parte de la decoración del frente de la escena que miraba hacia la cávea.

CONFORNICATIO (f., pl. *confornicationes*) (= *parodos* / *aditus maximus* / *iter*): más concretamente, hace referencia al sector interno abovedado de los pasillos de acceso a la orquesta.

CRYPTA (f., pl. *cryptae*): galería interna bajo las gradas que reproduce su discurrir curvo. Cumplía tanto una función estructural como de distribución del público a diferentes sectores de la cávea.

CUNEUS (m., pl. *cunei*): cada uno de los sectores triangulares que conforman la cávea convergiendo hacia la orquesta. Se separaban unos de otros por escaleras talladas en las propias gradas.

CHORAGIA (n., sing. *choragium*) (= *scaenotheca*) de referirse al conjunto de materiales empleados en la puesta en escena como vestuario, mobiliario o decorados, pasó también a designar a aquellas habitaciones situadas en el edificio escénico donde éstos se guardaban.

DOLIA (n., sing. *dolium*): grandes recipientes realizados en cerámica o bronce con función acústica y de resonancia. Se disponían en el *hyposcaenium* o en la cávea.

EURIPUS (m.): canal que delimitaba la orquesta y discurría a los pies de la cávea. Su función era la de recibir el agua de lluvia y se encargaba de canalizarla al sistema subterráneo de evacuación.

FRONS PULPITI: (f.) (= *murus pulpiti*)

GRADUS (m., pl. *gradus*): cada una de las filas de asientos que forman el conjunto escalonado de la cávea.

HYPOSCAENIUM (n.): ambiente practicable bajo la plataforma de la escena, sobreelevada, donde se alojaba gran parte de la maquinaria teatral, incluido el mecanismo del telón.

IMA CAVEA (f.): Sector horizontal de gradas más próximo a la orquesta; se separaba de ella por medio de un parapeto marmóreo (*balteus*). Según los textos jurídicos estarían reservadas a los miembros del orden ecuestre de la ciudad. Lo cierto es que, en muchos teatros, presentan un acabado más lujoso -por ejemplo aplacado marmóreo— que el resto del graderío.

ITINERA (n., sing. *iter*) (= *aditus maximus / parodos / confornicatio*): el uso de este término para aludir a los pasillos de acceso a la orqusta se documenta en la obra de Vitruvio y en una inscripción monumental del teatro de Itálica.

MEDIA CAVEA (f.): área horizontal intermedia de las tres que configuran la cávea. Se separaba de las otras dos por medio de pasillos o, al menos, espacios más anchos entre gradas.

MURUS PULPITI (m.) (= *proscaenium / frons pulpiti*): muro del frente que salva el desnivel entre la orquesta, más baja, y el firme de la escena, sobreelevado. Solía articularse en una combinación de nichos rectangulares y exedras semicirculares. Se decoraba por medio de pinturas, columnillas, mármoles coloreados e, incluso, era frecuente que alojara fuentecillas con esculturas—surtidor.

ORCHESTRA (f., pl. *orchestrae*): el espacio semicircular, central y más bajo del teatro, que queda definido en el interior de la curvatura del la cávea. Se abre ante la escena. Albergaba la *proedria* con los asientos reservados a las élites municipales y otros personajes relevantes. Presentaba un pavimento enlosado en mármol con decoración geométrica sencilla. Huellas documentadas arqueológicamente evidencian que allí también se colocaría diferentes elementos muebles con probable función ritual o simbólica.

PARASCAENIUM (n., pl. *parascaenia*) (= *versura*): cada una de las alas laterales del edificio escénico.

PARODOS (n., pl. *parodoi*) (= *confornicatio / aditus maximus / iter*): equivalente griego de cada uno de los pasillos laterales que daban acceso a la orquesta.

PERIAKTOI (m., sing. *periaktos*) (= *scaena versilis*): estructuras giratorias triangulares con diferentes motivos en cada una de sus caras, que servían como decoración de escena.

PINAKES (m., sing. *pinax*): elementos escenográficos consistentes en paneles con decoración pintada que se situaban en los intercolumnios del *proscaenium* o en el muro de la escena.

PORTA REGIA (f.) (= valva regia): puerta central del edificio escénico, que lo atravesaba de lado a lado. Solía ser la más grande y estar destacada del resto con una mayor monumentalización y una decoración más profusa.

PORTA HOSPITALIS (f., pl. *portae hospitales*) (= *valva hospitalis*): cada una de las puertas laterales, en número par, del edificio escénico.

PORTICUS IN SUMMA GRADATIONE O IN SUMMA CAVEA (f., pl. *porticus*): galería columnada que cerraba la cávea por su parte superior y servía de distribución del público.

PORTICUS POST SCAENAM (f., pl. *porticus*): cuadripórtico, muchas veces con un espacio central ajardinado, situado detrás del edificio escénico. No se documenta en todos los teatros.

POSTSCAENIUM (n.): alzado posterior del edificio escénico que podía estar más o menos monumentalizado e incluso alojar habitaciones o pequeños ambientes.

PRAECINCTIO (f., pl. *praecinctiones*): pasillo de separación entre sectores horizontales de la cávea, que podría verse reforzado por un *balteus* o parapeto marmóreo de delimitación.

PROEDRIA (f.): escalones situados en el perímetro semicircular de la orquesta que acogían los asientos singulares (*subsellia*) destinados a espectadores notables, magistrados, sacerdotes y otros visitantes ocasionales relevantes.

PROSCAENIUM (n., pl. *proscaenia*): véase *murus pulpiti*.

PULPITUM (m., pl. *pulpiti*) (= *logeion*): plataforma de la escaena, elevada con respecto a la orquesta y a los accesos a la misma.

SCAENA (f., pl. *scaenae*): de forma más genérica se emplea para denominar al conjunto formado por el edificio escénico y la plataforma ante él que constituiría el escenario propiamente dicho.

SCAENAE FRONS / FRONS SCAENAE (f.): fachada monumental del edificio de la escena. En planta pudo presentar un perfil recto o estar articulado en nichos reentrantes. En alzado, se encontraba ricamente decorada, con órdenes arquitectónicos destacados que, también, enmarcaban las puertas y programas escultóricos y pictóricos. Debía alcanzar una altura semejante al graderío.

SCALAE o SCALARIA (pl.): escaleras radiales que permitían la distribución de los espectadores por toda la cávea. Dividían ésta en *cunei*.

SUBSTRUCCIONES: conjunto de estructuras construidas que sostenían la cávea total o parcialmente. Podían alojar galerías y pasillos internos encargados de aligerar el conjunto y favorecer la distribución y flujo de público.

SUBSELLIUM (n., pl. *subsellia*): cada uno de los asientos individuales y con frecuencia ricamente decorados que estaban situados en la *proedria* de la orquesta y se destinaban a los espectadores más destacados como magistrados y sacerdotes.

SUMMA CAVEA (f.): área horizontal superior de las tres que configuran el graderío. Puede estar rematada por un pórtico columnado.

TRIBUNAL (n., pl. *tribunalia*): espacio –simétrico— situado en la cávea sobre cada uno de los pasillos cubiertos de acceso a la orquesta. Estaban reservados a los magistrados promotores de los juegos o a otros personajes relevantes. A ellos se accedía o bien desde una puerta que se abría en el interior de los pasillos, o bien desde el graderío, si bien, por su exclusividad, solían estar claramente aislados del resto de asientos.

VALVA HOSPITALIS (f., pl. *valvae hospitales*): véase *porta hospitalis*.

VALVA REGIA (f.): véase *porta regia*.

VELUM o VELARIUM (n., pl. *vela* o *velaria*): toldo de lona situado sobre la cávea que protegía del sol al público asistente y se sujetaba por medio de un complejo sistema de cuerdas y mástiles, que permitía desplegarlo y recogerlo. De Pompeya (Campania, Italia) se conserva anuncio de espectáculos en el teatro de la ciudad donde se específica que se contaría con toldo.

VERSURA (f., pl. *versurae*): véase *parascaenium*.

VOMITORIUM (n., pl. *vomitoria*): cada uno de los accesos radiales procedentes del exterior del edificio que conducían a los espectadores a los diferentes sectores de la cávea; desde allí escaleras les permitían llegar a sus asientos en las gradas.

19

BIBLIOGRAFÍA DE REFERENCIA

Sobre los teatros romanos, forma y función:

Bell, Sinclair W.; Berlan—Gallant, Anne y Forichon, Sylvain (eds.) (2024): *Un public ou des publics? La réception des spectables dans le monde romain entre pluralité et unanimité*, Bodeaux. Fellague, Djamila y Moretti, Jean—Charles (eds.) (2024): *Les théâtres antiques et leurs entrées :* parodos et aditus, Maison de l'Orient et de la Méditerranée, Jean—Pouilloux - MOM; Gros, Pierre (1987): "La fonction symbolique des édifices théâtraux dans le paysage urbain de la Rome augustéenne", *L'Urbs: espace urbain et histoire*, Roma, pp. 319—343. Gros, Pierre (1994): "Le schéma vitruvien du théâtre latin et sa signification dans le système normatif du *De Architectura*", *Revue Archéologique* 1, pp. 57—80. Moretti, Jean—Charles (ed.)(2009): *Fronts de scène et lieux de culte dans le théâtre antique*, TMO 52, Lyon. Valette, Emmanuelle y Wyler, Stéphanie (eds.): *Spectateurs grecs et romains. Corps, régimes de présence, modalités d'attention*, Paris.

Sobre los teatros hispanos:

Ciancio Rossetto, Paola y Pisani Sartorio, Giuseppina (1997): "Gli edifici per lo spettacolo", *Hispania Romana. Da terra di conquista a provincia dell'Impero*, Roma, pp. 188—196; Jansen, Brita (2005): "Römische Theater in der *Baetica*", *Madrider Mitteilungen*, 46, 289—416; Márquez Moreno, Carlos y Ventura Villanueva, Ángel (eds.) (2006): *Jornadas sobre teatros romanos en Hispania*, Córdoba; Noguera Giménez, J. Francisco y Navalón Martínez, Virginia (eds.) (2015): *Teatros romanos de Hispania. Estado actual de conservación*, Valencia; Noguera Giménez, J. Francisco; Songel González, Juan M. y Navalón Martínez, Virginia (eds.) (2016): *Teatros romanos de Hispania. Conservación, restauración y puesta en valor*, Valencia; Pérez—Prat Durbán, Luis y Gómez de Terreros Guardiola, Mª del Valle (eds.)(2014): *Teatros romanos en España y Portugal ¿patrimonio protegido?*, Huelva; Ramallo Asensio, Sebastián F. (ed.)(1993): Teatros romanos de Hispania, Murcia; Ramallo Asensio, Sebastián F. y Röring, Nicole (eds.) (2010): *La scaenae frons en la arquitectura teatral romana*, Murcia; Ramallo Asensio, Sebastián F. y Ruiz Valderas, Elena (eds.) (2020): *La porticus post scaenam en la arquitectura teatral romana*, Murcia; Rodríguez Gutiérrez, Oliva (2011): "Algunas reflexiones en torno a los teatros romanos de la Bética", en D. Bernal y A. Arévalo (eds.): *El Theatrum Balbi de Gades*, Cádiz, 335—372. Ventura Villanueva, Ángel (2008): "Teatros", en P. León (ed.): *Arte romano de la Bética I. Arquitectura y urbanismo*, Sevilla, 172—221.

Específica de los diferentes teatros en suelo andaluz:

Acci/Guadix: López Marcos, Antonio (2016): "El teatro romano de *Colonia Iulia Gemella Acci* (Guadix, Granada)", en *Teatros romanos de Hispania. Conservación, restauración y puesta en valor*, Valencia. López Marcos, Antonio (2022): *Teatro romano de Guadix*. Guadix: Ayuntamiento de Guadix. (Accesible en https://teatroromanodeguadix.com/, consulta 12.02.2025).

Acinipo: Del Amo, Mariano (1982): "El teatro romano de *Acinipo*", *El teatro en la Hispania Romana*, Badajoz, pp. 215—252. Fernández—Baca, Román; Martín, Félix.; García Jiménez, Fernando; Del Amo, Mariano y Conesa, Juan A. (1993): "La consolidación y restauración del teatro romano de *Acinipo*. Ronda (Málaga). 1980", *Teatros romanos de Hispania, Cuadernos de Arquitectura Romana 2*, pp. 199—206. García Alfonso, Eduardo (2021): *Acinipo. Guía del Enclave arqueológico*. Sevilla: Junta de Andalucía.

Baelo Claudia: Fincker, Myriam y Moretti, Jean—Charles (2009): "Au théâtre de *Baelo Claudia*. Front de scène et lieux de culte», en Moretti, Jean—Charles (ed.): *Fronts de scène et lieux de culte dans le théâtre antique*, TMO 52, Lyon, pp. 157—173. Fincker, Myriam y Silliéres, Pierre (2006): "Le théâtre de *Baelo Claudia*: particularités architecturales et chronologie", en Márquez, C. y Ventura, A. (eds.): *Jornadas sobre teatros romanos en Hispania. Córdoba 2002*, Córdoba, pp. 81—98; Fincker, Myriam; Moretti, Jean—Charles; Fellague, Djamila; Le Meaux, Hélène y Rodríguez Gutiérrez, Oliva (2016): "Recherches récentes au théâtre de *Baelo Claudia*", *Actas de las II Jornadas Internacionales de Baelo Claudia: Nuevas Investigaciones (14 y 15 de abril de 2010, Cádiz)*, Sevilla, 237—257. Bustamante, Macarena; Fellague, Djamila; Fincker, Myriam; Le Meaux, Hélène; Moretti, Jean—Charles; Picard, Véronique y Rodríguez Gutiérrez, Oliva (2017): "Le théâtre de "Baelo Claudia". Vers une restitution", *MCV*, 47(1), 212—131.

Carteia: Jiménez Hernández, Alejandro; Jaén, Manuel; Peña, José A.; Teixidó, Mª Teresa y Claros, Javier (2015): "El teatro romano de *Carteia* (San Roque, Cádiz): análisis de su diseño a partir de la prospección geofísica", *Romula*, 14, 161–185; Roldán, Lourdes (1992): *Técnicas constructivas romanas en Carteia (San Roque, Cádiz)*, Madrid, pp. 96–105. Rodríguez Gutiérrez, Oliva (2003): "El teatro", en Roldán, Lourdes; Bendala, Manuel; Blánquez, Juan.; Martínez Lillo, Sergio y Bernal, Darío (2003): *Carteia II*, Madrid, pp. 251–259.

Corduba/Córdoba: Ventura Villanueva, Ángel; Márquez Moreno, Carlos; Monterroso Checa, Antonio y Carmona, Miguel Ángel (eds.)(2002): *El teatro romano de Córdoba*, Córdoba.

Gades/Cádiz: Bernal, Darío y Arévalo, Alicia (eds.) (2011): *El Theatrum Balbi de Gades*, Cádiz; Bernal, Darío; Arévalo, Alicia; Bustamante, Macarena; Sánchez, Verónica; Lara, Macarena; Vargas, José Manuel; Borrego, Juan de Dios; Rodríguez Gutiérrez, Oliva; Ventura, Ángel y Alarcón, Francisco (2014): "Del Theatrum Balbi de Gades. Recientes excavaciones arqueológicas (2010–2012)", *XVIII CIAC. Centro y periferia en el mundo clásico*, Mérida, 847–851; Borrego de la Paz, Juan de Dios (2013): La génesis del modelo arquitectónico teatral en la Bética. El teatro romano de Cádiz, tesis doctoral, Universidad de Córdoba (Accesible en: https://helvia.uco.es/xmlui/bitstream/handle/10396/10057/758.pdf?sequence=1&isAllowed=y, consulta 28.03.2025).

Itálica: Rodríguez Gutiérrez, Oliva (2004): *El teatro romano de Itálica. Estudio arqueo–arquiectónico*, Madrid; Jiménez Sancho, Álvaro (2012): "Nuevas aportaciones sobre la construcción y evolución del graderío del teatro de Itálica: los resultados de las campañas de excavación de 2009 y 2011", *Itálica. Revista de Arqueología Clásica de Andalucía*, 2, 99–125 (Accesible en: https://www.juntadeandalucia.es/sites/default/files/2022–04/CAI_italica_02_ligera.pdf, consulta 10.02.2025).

Malaca/Málaga: Corrales Aguilar, Manuel (2007): "El teatro romano de Málaga: evolución de un espacio", *Mainake*, XXIX, 53–76. Beltrán, José; Corrales, Manuel y Fernández, Luis Efrén (2008): "*Marmora* del teatro romano de Malaca (Málaga)", *Marmora Hispaniae. La explotación y uso de los materiales lapídeos en la Hispania romana*, Roma, pp. 261–28.

Singilia Barba: Atencia Páez, Rafael (1988): *La ciudad romana de Singilia Barba (Antequera, Málaga)*, Málaga.

***Urso*/Osuna:** Jiménez Hernández, Alejandro; Ruiz Cecilia, José Ildefonso; Teixidó, Mª Teresa; Ardanaz, Oier; Vizcaíno, Luis y López Sánchez, José Manuel (2016): "Escáner láser y prospección geofísica para la delimitación, definición del diseño geométrico e implantación sobre el terreno del teatro romano de Osuna (Sevilla)", *Romula*, 15, 129—168; Ruiz Cecilia, José Ildefonso (2008): "El teatro romano de Osuna: una revisión historiográfica", en Bernardes, J.P. (ed.): *Hispania Romana. Actas do IV Congresso de Arqueologia Peninsular* (Faro, 14 a 19 Setembro de 2004), Faro, pp. 253—265.

20

CRÉDITOS DE LAS FIGURAS

Junta de Andalucía: 3, 37, 47, 56, 60, 70, 75, 77, 78, 83 y 87.

Creative Commons CC: 4, 6, 7, 11, 14, 17, 18, 34, 42, 49, 54 y 74.

O. Rodríguez: mapa, 9, 12, 13, 20, 21, 25, 28, 29, 30, 31, 32, 33, 35, 36, 38, 40, 45, 46, 59, 66, 67, 68, 69, 71, 72, 73, 79, 80, 82, 84, 89 y 90.

A. López Marcos y Ayuntamiento de Guadix: 2, 64, 65 y 85.

UCLA Experiential Technologies Center: 5.

G. Pugliese Carratelli (1996): 8.

Soprintendenza Archeologia, Belle Arti e Paesaggio: 10.

Fondo Antiguo Biblioteca Univ. de Sevilla: 15.

Loeb Classical Library: 16.

Museo della Civiltà Romana: 19.

G.C. Izenour (1992): 22.

CNRS Dijon: 23.

P. Ciancio Rossetto y G. Pisani Sartorio (1994): 24.

J. Edmonson (1999): 26.

Museo del Teatro Romano de Cartagena: 27.

M. Corrales y P. Corrales (2011): 39.

IRAA Pau/Lyon – Junta de Andalucía: 41.

J.M. Luzón: 43, 44.

J. Beltrán: 48.

Diputación de Soria: 50.

Hispania Epigraphica: 51.

Festival de Teatro de Mérida: 52.

Á. Ventura, C. Márquez, A. Monterroso y M.Á. Carmona (2002): 53, 55, 63, 81.

M. Corrales (2007): 57, 58.

A. Jiménez Martín: 61.

Museo Arqueológico y Etnográfico de Córdoba (MAECO): 62.

Proyecto Carteia UAM: 1 y 86 (Ministerio de Fomento, IGN).

A. León (2012): 76.

R. Atencia: 88.

AEAN-1